Jürgen Plogmann

Pfälzer Weinsteig

Pfälzer Waldpfad und Pfälzer Höhenweg

Auf den drei Prädikats-Weitwanderwegen
in 31 Tagen durch die Pfalz

ROTHER
BERGVERLAG

Vorwort

Dieser Wanderführer beschreibt die drei Prädikats-Weitwanderwege durch die Pfalz: den Pfälzer Weinsteig, den Pfälzer Waldpfad und den Pfälzer Höhenweg. Aufgeteilt in 31 Etappen kann der Wanderer auf insgesamt mehr als 420 Wanderkilometern die unterschiedlichen Landschaften der Pfalz kennenlernen.
Der Pfälzer Weinsteig verläuft vornehmlich auf der Abbruchkante des Pfälzerwaldes zum Oberrheingraben über dem Rebenmeer der Deutschen Weinstraße und mit Weitblicken bis zu Odenwald und Schwarzwald. Start- und Zielpunkte seiner zwölf Etappen sind heimelige Weinorte, in denen der Wanderer den Tag dementsprechend angenehm ausklingen lassen kann.
Der Pfälzer Waldpfad durchquert den Pfälzerwald, das größte zusammenhängende Waldgebiet Deutschlands, in elf Etappen diagonal von Kaiserslautern bis zum Deutschen Weintor in Schweigen an der elsässischen Grenze. Dabei zeigt der Pfälzerwald sehr verschiedene Gesichter: im Norden ein absolut geschlossener Wald mit wenigen kleinen Rodungsinseln, im Süden die offenere Landschaft des Wasgaus mit ihren für ein Mittelgebirge beeindruckenden Felsformationen.
Der Pfälzer Höhenweg beschreibt einen Bogen durch die bäuerliche Mosaiklandschaft des Nordpfälzer Berglandes mit seinen Wechseln von Wald, Wiesen und Ackerland. Dabei werden die bewaldeten, aus Vulkanitgestein bestehenden Dome von Königsberg und Donnersberg auf acht Etappen miteinander verbunden.
Die Pfalz ist ein Wanderparadies par excellence. Eine für den Wanderer willkommene Besonderheit stellen die zahlreichen bewirtschafteten Waldhütten des Pfälzerwald-Vereins und der Naturfreunde dar, die um private Waldgasthäuser ergänzt werden. An der Deutschen Weinstraße lockt nach der Wanderung die Einkehr in Weinstuben, Weingärten und Straußwirtschaften oder der Besuch eines der zahlreichen Weinfeste. Dort werden vor allem Pfälzer Weine und eine herzhafte Pfälzer Küche geboten, nicht zuletzt der berühmte Pfälzer Saumagen.

Neustadt an der Weinstraße, im Frühjahr 2022   Dr. Jürgen Plogmann

Beginnender Herbst im Weinberg.

Inhaltsverzeichnis

Vorwort ... 3

Übersichtskarte ... 6

Touristische Hinweise ... 7
    Symbole und Abkürzungen ... 9
    GPS-Tracks und Koordinaten der Ausgangspunkte ... 17

Kleine Landeskunde der Pfalz ... 20

Pfälzer Weinsteig ... 34
- **WS1** Von Bockenheim nach Neuleiningen ... 36
- **WS2** Von Neuleiningen nach Bad Dürkheim ... 42
- **WS3** Von Bad Dürkheim nach Deidesheim ... 48
- **WS4** Von Deidesheim nach Neustadt an der Weinstraße ... 54
- **WS5** Von Neustadt an der Weinstraße nach St. Martin ... 60
- **WS6** Von St. Martin nach Burrweiler ... 66
- **WS7** Von Burrweiler nach Dernbach ... 71
- **WS8** Von Dernbach nach Annweiler ... 78
- **WS9** Von Annweiler nach Leinsweiler ... 82
- **WS10** Von Leinsweiler nach Klingenmünster ... 86
- **WS11** Von Klingenmünster nach Bad Bergzabern ... 90
- **WS12** Von Bad Bergzabern zum Deutschen Weintor in Schweigen ... 94

Pfälzer Waldpfad ... 100
- **WP1** Von Kaiserslautern zum NH Finsterbrunnertal ... 102
- **WP2** Vom NH Finsterbrunnertal nach Johanniskreuz ... 108
- **WP3** Von Johanniskreuz nach Heltersberg ... 112
- **WP4** Von Heltersberg nach Rodalben ... 115
- **WP5** Von Rodalben nach Merzalben ... 120
- **WP6** Von Merzalben nach Hermersbergerhof ... 122
- **WP7** Von Hermersbergerhof nach Hauenstein ... 126
- **WP8** Von Hauenstein nach Erfweiler ... 129
- **WP9** Rundwanderung um Dahn ... 132
- **WP10** Von Erfweiler nach Erlenbach ... 136
- **WP11** Von Erlenbach nach Schweigen ... 140

Pfälzer Höhenweg ... 144
- **HW1** Rund um Wolfstein ... 146
- **HW2** Von Wolfstein nach Lauterecken ... 150
- **HW3** Von Lauterecken nach Meisenheim am Glan ... 154
- **HW4** Von Meisenheim nach Obermoschel ... 158

HW5	Von Obermoschel nach Rockenhausen	162
HW6	Von Rockenhausen zum Bastenhaus	166
HW7	Vom Bastenhaus nach Dannenfels	170
HW8	Von Dannenfels nach Winnweiler	176

Stichwortverzeichnis 184

Touristische Hinweise

Die drei Pfälzer Prädikats-Weitwanderwege

Die drei Pfälzer Weitwanderwege wurden 2010 und 2011 eingeweiht. Sie durchziehen drei unterschiedliche Landschaftstypen der Pfalz.

Der **Pfälzer Weinsteig** (172 km) verläuft überwiegend oberhalb der Abbruchkante des Rheingrabens und bietet Walderleben ebenso wie fantastische Tiefblicke auf die Weinlandschaft der Pfalz.

Auf dem **Pfälzer Waldpfad** (142 km) erobert der Wanderer die stillen, geschlossenen Wälder des zentralen Pfälzerwaldes und die bizarren Felsgebilde des Wasgaus.

Eindeutige Wegweiser.

Der **Pfälzer Höhenweg** (112 km) beschreibt einen Halbkreis vom bewaldeten Königsberg durch die Mosaiklandschaft aus Wäldern, Wiesen und Ackerland zum markanten Donnersberg.

Damit zeigen die drei Weitwanderwege einen Querschnitt durch die Wanderlandschaften der Pfalz, müssen aber viel Besuchenswertes unberücksichtigt lassen. So bedauert der Autor besonders, dass die verwunschenen Felsenburgen an der elsässischen Grenze ausgelassen werden mussten. Diese kann man allerdings auf dem Deutsch-französischen Burgenweg erkunden, der acht Burgen bzw. Burgruinen miteinander verbindet.

Die drei Steige sind seit den Jahren 2010/11 durchgehend markiert und seit Herbst 2011 mit dem Prädikat »Qualitätswanderweg« des Deutschen Wanderverbandes zertifiziert. Das heißt, sie erfüllen besondere qualitative Anforderungen, u. a. hinsichtlich der Schönheit der Landschaft einschließlich kulturhistorischer Sehenswürdigkeiten, der Trassenführung, der Wegbeläge, der Beschilderung und der Infrastruktur und garantieren dem Wanderer somit einen hohen Erlebniswert.

Die Wegweiser geben Auskunft über die Nah- und Fernziele, deren Entfernung in Kilometern und die touristische Infrastruktur. Die Standorte der Wegweiser sind gekennzeichnet durch den Namen, die Höhe über Normalnull und die UTM-Koordinaten. Die Zugangswege von den Orten und Bahnhöfen sind mit dem jeweiligen Logo der Weitwanderwege in gelber Farbe markiert. Es ist davon auszugehen, dass die sehr gute Infrastruktur an den Steigen in Form von Schutzhütten und Rastplätzen weiter ergänzt wird.

Herbst auf dem Waldpfad.

Wanderlandschaft Pfalz

In der Pfalz hat Wandern eine lange Tradition, nicht nur im Pfälzerwald, aber hier besonders. Seit mehr als 100 Jahren kümmert sich der **Pfälzerwald-Verein (PWV)** um das Wandern in der Pfalz. Allein dieser Verein betreut in der Pfalz und im benachbarten Saarland mehr als 12.000 km Wanderwege. Dabei begnügt man sich nicht mit der Nutzung ohnehin vorhandener Waldwege, sondern es wurden bereits vor einem Jahrhundert und nochmals zu Beginn der 1930er-Jahre eigene Wanderpfade in die Hänge gegraben, die noch heute ganz überwiegend in gutem Zustand sind. Eine Besonderheit stellen die Hütten des Pfälzerwald-Vereins dar, die den Wanderer an den Wochenenden zur Einkehr laden. Sie werden ergänzt durch Naturfreundehäuser und private Waldgaststätten, die sich häufig in ehemaligen Forsthäusern befinden. An schönen Sommersonntagen sind sie allerdings stark frequentiert. Die Hütten bieten einfache, typisch pfälzische, wandergerechte Gerichte und Schoppenweine.

Der Wanderer wird im Pfälzerwald hier und dort auf sogenannte »**Rittersteine**« treffen. In gelber Schrift auf Buntsandstein weisen sie in einer Art steinerner Geschichtsschreibung auf kulturhistorische und andere Örtlichkeiten und Begebenheiten hin. Mehr als 300 Rittersteine wurden vom Pfälzerwald-Verein aufgestellt. Der Name rührt vom Forstdirektor und Gründungsvorsitzenden des PWV Karl Albrecht von Ritter her, der sich um die Aufstellung der Steine verdient gemacht hat.

Symbole und Abkürzungen

Symbole

▲▲	Ort mit Einkehrmöglichkeit	🏰	Burg, Schloss, Ruine
▲	Einkehrmöglichkeit	∴	archäologische Stätte
⌷	Übernachtungsmöglichkeit	▮	Aussichtsturm
⌂	Schutzhütte, Unterstand	☾	Aussichtsplatz
P	eingerichteter Parkplatz	⊼	Rastplatz, Picknickplatz
🚌 🚆	Bus- bzw. Bahnanschluss	⊤⊤	Abzweig
♦	Kirche, Kapelle, Kloster	◉	Quelle
†	Feldkreuz, Bildstock	♣	besonderer Baum

Abkürzungen

Verkehr

A 6	Autobahn mit Nummer
AS 4	Autobahnanschluss mit Nummer
B 10	Bundesstraße mit Nummer
L 497	Landesstraße mit Nummer
K 21	Kreisstraße mit Nummer
Bf./Hbf.	Bahnhof/Hauptbahnhof
IC/ICE	Intercity/Intercity-Express
RB/RE	Regionalbahn/Regionalexpress
ÖPNV	Öffentlicher Personennahverkehr

Übernachten und Einkehren

HR	Hotel-Restaurant
Hg	Hotel garni
GR	Gasthof-Restaurant
Gg	Gasthof garni
P	Pension
JH	Jugendherberge
NH	Naturfreundehaus
PWV	Pfälzerwald-Verein
Kat. I, II, III, IV, V	Preiskategorien

Anforderungen

Weglängen und Höhendifferenzen bestimmen die Anforderungen an die Kondition; Wegbeschaffenheit und Ausgesetztheit die technischen Anforderungen wie Trittsicherheit und Schwindelfreiheit. Die Etappenlängen der drei Pfälzer Weitwanderwege sind so gewählt, dass sie Genusswanderungen ermöglichen und die Landschaft und das am Wege Liegende mit allen Sinnen erfasst werden können. Einige Etappen mit hohem Erlebniswert sind bewusst kurz gehalten worden. Der sportliche, leistungsbewusste Wanderer kann gerne zwei dieser Etappen zu einer zusammenführen. Näheres ist für jede Etappe aus dem jeweiligen Informationsblock ersichtlich.

Mandelblütenfest in Neustadt-Gimmeldingen.

Kleidung bis hin zu Fleecemütze und Handschuhen die Ausrüstung ergänzen, um sich nach Zwiebelart kleiden zu können. Sonnencreme, Sonnenbrille und Mütze sind obligatorisch.

Dies gilt auch für die Mitnahme von Getränken: 1 Liter, im Hochsommer 2 Liter je Etappe, sind angemessen, natürlich auch abhängig von den Entfernungen zwischen den Einkehrmöglichkeiten. Man sollte sich nicht auf eine einzelne geöffnete Gaststätte verlassen, sondern immer Getränkereserve und Notproviant im Rucksack mitführen! Für alle Fälle sollten Pflaster, elastische Binde, persönliche Apotheke, Sicherheitsnadel und Bindfaden für Reparaturen an Kleidung und Ausrüstung sowie – an den kürzeren Tagen im Herbst und im Winter – Stirnlampe oder Taschenlampe dabei sein. Angenehm können ein Regen-/Sonnenschirm sowie auf feuchten, nicht gemähten Graswegen (insbesondere auf dem Höhenweg) Gamaschen sein. Und selbstverständlich sollte dieser Wanderführer nicht vergessen werden!

Beste Wanderzeit

Grundsätzlich können alle drei Weitwanderwege zu allen Jahreszeiten begangen werden. Auf dem **Höhenweg** kann sich in Herbst und Winter das Klima allerdings als ziemlich rau erweisen, zumal der Wind auf den offenen Höhen unangenehm angreifen kann. Reizvoll ist die Zeit um Pfingsten, wenn das Gelb des blühenden Rapses mit dem Grün des jungen Getreides und der Wiesen kontrastiert. Der **Waldpfad** hat seinen besonderen Zauber mit dem jungen Grün der Laubbäume im Frühjahr und der Laubfärbung im Herbst, bietet aber auch im Hochsommer eine angenehme Kühle. An der Weinstraße beginnt die Wandersaison außerhalb des Waldes Ende Februar/Anfang März mit der Mandelblüte. Hochsaison sind auf dem **Weinsteig** die Monate September und Oktober zur Zeit der Weinlese, wenn über der Landschaft der Duft des gärenden Weins liegt, der neue Wein ausgeschenkt wird und die Esskastanien gesammelt werden, um sie als Beilage zu den Speisen zu verwenden oder in den Saumagen zu füllen. Schließlich sind alle drei Wege auch im Winter bei guten Schneeverhältnissen sehr reizvoll.

Gehrichtung

Der Höhenweg wird von Wolfstein mit dem Königsberg nach Winnweiler am Donnersberg beschrieben, nach dem Motto »das Schönste zuletzt«. Waldpfad und Weinsteig bieten eine Steigerung des Erlebniswertes, wenn sie von Norden nach Süden begangen werden, zu den Felstürmen des Dahner Felsenlandes bzw. zur hügeligen Weinlandschaft der südlichen Weinstraße.

Gehzeiten

Es werden reine Gehzeiten angegeben, wobei eine Stundenleistung von 4 km in ebenem Gelände und auf guten Wegen zugrunde gelegt wird. Für Steigungen, schmale, eventuell felsige Pfade und raue Wege werden geringere, für Gefällstrecken höhere Stundenleistungen angesetzt. Pausen verschiedener Art sind noch zu addieren.

Wanderkleidung und Ausrüstung

Für Wanderungen im Mittelgebirge sind Wanderschuhe mit guter Profilsohle in Halbschuhform ausreichend. Lange Wanderhosen und lange Hemdärmel schützen vor Sonnenbrand und weitgehend vor dem Befall durch im Gras und im Unterholz lebende Zecken.
Bei Mehrtageswanderungen ist grundsätzlich mit Wetteränderungen zu rechnen. Der Wanderer sollte deshalb für jedes Wetter gewappnet sein. Auch im Hochsommer gehören Wind- und Regenjacke sowie eine leichte Fleecejacke zur Standardausrüstung. An kalten Herbsttagen und im Winter sollten die Beine auch durch eine Überhose geschützt werden und warme

Pfadvariante an der Kupferberghütte.

Einkehren und Übernachten

Hinsichtlich der **Einkehrmöglichkeiten** nimmt die Pfalz mit ihren vielen bewirtschafteten Hütten des Pfälzerwald-Vereins und der Naturfreunde eine Sonderstellung unter den Wandergebieten ein. Sie bieten eine rustikale regionale Küche und Schoppenweine. Allerdings sind sie zu sehr unterschiedlichen Zeiten und in der Regel nur am Wochenende bewirtschaftet. Es ist zu beachten, dass viele Gaststätten erst gegen Mittag öffnen, eine lange Mittagspause einlegen und erst wieder am späten Nachmittag Gäste empfangen. Weinstuben öffnen in der Regel erst ab 17 Uhr. Die Einkehrmöglichkeiten sind in den Informationsblöcken der einzelnen Etappen aufgelistet.

Einladung zur Einkehr.

Übernachtungen bieten Hotels, Gasthöfe, Gästehäuser, Jugendherbergen, Naturfreundehäuser und einige Wanderheime des Pfälzerwald-Vereins mit unterschiedlichem Komfort an. Bei den einzelnen Etappen werden auch Übernachtungsmöglichkeiten für Zwischenziele genannt, sodass die Etappenlängen individuell gestaltet werden können. Eine zunehmende Zahl von Betrieben bietet einen Shuttleservice an.

In den Kurzinformationen zu den einzelnen Touren sind die Betriebe nach Preiskategorien für eine Übernachtung für zwei Personen mit Frühstück im Doppelzimmer sortiert. Immer mehr Hotels gehen allerdings zu Tagespreisen mit großen Preisspreizungen über. Frühzeitige Buchungen sind preiswert, kurzfristige teuer.

■ Kat. I	bis 50 Euro
■ Kat. II	bis 75 Euro
■ Kat. III	bis 100 Euro
■ Kat. IV	bis 150 Euro
■ Kat. V	über 150 Euro

Aufgrund der **Corona-Krise** ist 2022 mit Verwerfungen im Hotel- und Gaststättengewerbe zu rechnen. Das Gaststättensterben im ländlichen Raum wird sich verstärken. Da vom Autor nicht vorauszusehen ist, welche Betriebe betroffen sein werden, informieren Sie sich deshalb am besten aktuell bei den Betrieben bzw. bei den in den Touren aufgeführten lokalen Tourist-Informationen. Zimmer können bei der Pfalz-Touristik für die gesamte Pfalz online, per E-Mail oder telefonisch gebucht werden:

■ www.pfalz-touristik.de, reservierung@pfalz-touristik.de, Tel. 06321/3916-925.

Anreise mit der Bahn.

Anreise
Die Pfalz ist über das südwestdeutsche Autobahnnetz gut zu erreichen: von Norden über die A 61 und A 62, aus dem Rhein-Main-Gebiet über die A 63 bis Kaiserslautern, von Osten über die A 6 und von Süden über die A 65. Die schnellsten Zugverbindungen führen über den ICE/IC-Knoten Mannheim mit Fernbahn- und S-Bahn-Verbindung nach Neustadt und Kaiserslautern sowie über den ICE/IC-Halt Karlsruhe. Zum Pfälzer Höhenweg ist die Verbindung von Koblenz/Mainz über Bad Münster am Stein zur Alsenzbahn gegebenenfalls günstiger.

Rheinland-Pfalz-Takt
In Rheinland-Pfalz fahren Bahn und Busse im Stunden- oder Halbstundentakt. Dadurch kann an Umsteigeknoten innerhalb von wenigen Minuten auf eine andere Linie gewechselt werden. Für den Wanderer auf den Pfälzer Weitwanderwegen sind die Knoten Neustadt, Kaiserslautern, Landau und Bad Münster am Stein bedeutsam.

In Neustadt kann man von der Hauptstrecke Mannheim – Kaiserslautern im Halbstundentakt auf die Bahnstrecke nach Deidesheim – Bad Dürkheim – Grünstadt (mit Busanbindung nach Neuleiningen) umsteigen. Nach Landau bestehen stündlich drei Zugverbindungen, davon eine weiterführend direkt nach Weißenburg und eine nach Bad Bergzabern mit Umstieg in Winden.

Die Buslinie 501 nach Landau entlang der Weinstraße bedient die Etappenorte St. Martin und Burrweiler. Von Neustadt können damit der gesamte nördliche Abschnitt sowie die letzte Etappe des Weinsteigs direkt mit öffentlichen Verkehrsmitteln erreicht werden.

Die Buslinie 543 fährt im Stundentakt von Landau-Hbf. über Klingenmünster, Bad Bergzabern und Schweigen nach Weißenburg. Mit der Queichtalbahn Richtung Pirmasens gelangt man nach Annweiler am Trifels sowie in Hauenstein, Hinterweidenthal/Dahn und Rodalben an den Pfälzer Waldpfad.

In Kaiserslautern bestehen stündlich Zugverbindungen zum Pfälzer Höhenweg durch das Lautertal nach Wolfstein und Lauterecken sowie durch das Alsenztal nach Winnweiler, Rockenhausen und Alsenz/Obermoschel.

»Caspar-David-Friedrich-Stimmung« am Donnersberg.

Die stündlichen Zugverbindungen nach Pirmasens können in Waldfischbach-Burgalben dazu genutzt werden, in den Waldpfad einzusteigen. Die Buslinie 150 fährt stündlich nach Trippstadt (sonn- und feiertags ist der Fahplan ausgedünnt!).

Bad Münster am Stein ist als Knotenbahnhof der Bahnlinien Mainz – Idar-Oberstein – Saarbrücken und Koblenz – Bingen – Kaiserslautern vor allem bedeutsam für die An- und Abreise zum und vom Pfälzer Höhenweg.

Einzelheiten der Erreichbarkeit der Start- und Zielorte mit dem ÖPNV sind in den Informationsblöcken der jeweiligen Etappen angeführt. In den meisten Fällen ist die An- und Abfahrt mit Bahn und Bus von Vorteil. Das Auto muss dann nicht mit entsprechendem Zeitaufwand nachgeführt werden.

Fahrkarten: Bei An- und Abreise aus dem Gebiet des Verkehrsverbundes Rhein-Neckar empfiehlt sich das VRN-Tagesticket für eine oder bis zu 5 Personen, für An- und Abreise aus dem übrigen Rheinland-Pfalz das Rheinland-Pfalz-Ticket (gilt auch im Saarland) und aus dem übrigen Bundesgebiet das Quer-durchs-Land-Ticket bzw. das Schönes-Wochenende-Ticket.

Informationen und Auskünfte zum öffentlichen Personenverkehr:
- Deutsche Bahn AG: www.bahn.de, Service-Nummer: 0180/6996633.
- Verkehrsverbund Rhein-Neckar (VRN): www.vrn.de, Service- und Fahrplanauskunft: Tel. 0180/58764636.

Tipps und Veranstaltungen
Am Ende eines jeden Informationsblocks der einzelnen Etappen sind Einrichtungen genannt, die für Wanderer interessant sein können, wie z. B. Badeseen, Freizeitbäder, Museen, landschaftliche Besonderheiten u. a. Ebenso sind bedeutende, jährlich wiederkehrende Veranstaltungen in unmittelbarer Nähe zum Wanderweg aufgeführt. Aktuelles kann über die angegebenen Adressen der Touristikbüros abgefragt werden.

Pfalzcard
Übernachtungsgäste erhalten von ihren teilnehmenden Beherbergungsbetrieben die kostenlose Gästekarte »Pfalzcard«. Sie berechtigt für den Zeitraum des Aufenthalts zur ganz überwiegend kostenfreien Nutzung einer Vielzahl von Freizeiteinrichtungen, wie Burgen, Schlössern, Bergwerken, Museen, Schwimmbädern und der Teilnahme an Veranstaltungen, wie Kulturprogrammen und Führungen verschiedener Art.
Besonders vorteilhaft für Streckenwanderer auf den Pfälzer Weitwanderwegen ist die freie Fahrt mit öffentlichen Bussen und Bahnen des Nah- und Regionalverkehrs im gesamten Gebiet des Verkehrsverbundes Rhein-

Das einladende Restaurant Wappenschmiede bei Pleisweiler.

GPS-Tracks und Koordinaten der Ausgangspunkte

Zu diesem Wanderführer stehen auf www.rother.de GPS-Tracks und Koordinaten der Ausgangspunkte zum kostenlosen Download bereit.
4. Auflage, Passwort: **440104oca**
Sämtliche GPS-Daten wurden vom Autor im Gelände erfasst. Verlag und Autor haben die Tracks und Wegpunkte nach bestem Wissen und Gewissen überprüft. Dennoch können wir Fehler oder Abweichungen nicht ausschließen, außerdem können sich die Gegebenheiten vor Ort zwischenzeitlich verändert haben. GPS-Daten sind zwar eine hervorragende Planungs- und Navigationshilfe, erfordern aber nach wie vor sorgfältige Vorbereitung, eigene Orientierungsfähigkeit sowie Sachverstand in der Beurteilung der jeweiligen (Gelände-)Situation. Man sollte sich für die Orientierung auch niemals ausschließlich auf GPS-Gerät und -Daten verlassen.

Neckar (VRN). Das erlaubt sogar Ausflüge u.a. nach Heidelberg und weit ins Neckartal hinein (www.vrn.de).
Informationen über die teilnehmenden Übernachtungsbetriebe einerseits und die begünstigten Leistungen unter www.pfalzcard.de oder in der jährlich erscheinenden Pfalzcard-Broschüre, anzufordern unter info@pfalzcard.de oder Tel. 06321/391692-0.

Tourist-Informationen
Zuständig für die gesamte Pfalz und damit auch für alle drei Pfälzer Prädikats-Weitwanderwege ist:
- Pfalz.Touristik e.V., Martin-Luther-Straße 69, 67433 Neustadt an der Weinstraße, Tel. 06321/3916-0, info@pfalz-touristik.de, www.pfalz-touristik.de, www.pfalz.de.

Hier können auch für die gesamte Pfalz Hotelreservierungen online, per E-Mail oder telefonisch vorgenommen werden:
- www.pfalz-touristik.de, reservierung@pfalz-touristik.de, Tel. 06321/3916-925.

Die Adressen der regionalen und lokalen Touristikorganisationen sind jeweils bei den einzelnen Etappen angeführt.

Karten
Das Landesamt für Vermessung und Geobasisinformation Rheinland-Pfalz hat die Herstellung und den Vertrieb seiner Wanderkarten in Papierform eingestellt. Seit Beginn des Jahres 2019 liefert der Verlag NaturNavi GmbH, Stuttgart, für die Pfalz Wanderkarten mit Radwegen im Maßstab 1:25.000 (www.naturnavi.de). Die Pfälzer Weitwanderwege sind nicht wie bisher farblich herausgestellt. Für folgende Etappen liegen bisher Karten des Gebietes »Pfälzerwald« vor:

Pfälzer Weinsteig
- Pfälzerwald Blatt 4: Etappe 1 Süd bis Etappe 4 Nord (Grünstadt bis Neustadt-Nord)
- Blatt 6: Etappe 4 Süd bis Etappe 9 (Neustadt-Nord bis Leinsweiler)
- Blatt 8: Etappe 9 bis Etappe 12 (Annweiler bis Weißenburg)

Pfälzer Waldpfad
- Pfälzerwald Blatt 3: Etappe 1 und Etappe 2 Nord (Kaiserslautern bis Trippstadt)
- Blatt 5: Etappe 2 Süd bis Etappe 7 (Trippstadt bis Hauenstein)
- Blatt 8: Etappen 8 bis 11 (Hauenstein bis Weißenburg)

Pfälzer Höhenweg
- Pfälzerwald Blatt 2: Etappen 6 bis 8 (Rockenhausen bis Winnweiler)
- Keine Karten liegen vor für WS 1 Nord von Bockenheim bis Grünstadt sowie für HW 1 bis 5 (Wolfstein bis Rockenhausen).

Außerdem sind die drei Weitwanderwege in den Karten im Maßstab 1:40.000 des Pietruska-Verlages (www.pietruska.de) dargestellt: Pfälzer Weinsteig in der Gesamtkarte Deutsche Weinstraße, ab Auflage 2012 (WS 1 ist nicht eingetragen). Weinsteig und Waldpfad in Wander- und Freizeitkarte Naturpark Pfälzerwald-Nordteil ab Auflage 2013, Südteil ab Auflage 2015. Für einzelne Teilgebiete liegen auch Karten im Maßstab 1:25.000 vor.

Angesichts der guten Markierungen der drei Weitwanderwege sollten die Kärtchen zu den einzelnen Etappen in diesem Wanderführer allerdings ausreichen.

Literaturauswahl
- Stefanie und Ansgar Schmitz-Veltin, Pfalz (Reiseführer). Individuell reisen mit vielen praktischen Tipps. Michael Müller Verlag, Erlangen, 5. Auflage 2020.
- Michael Geiger (Hrsg.), Geographie der Pfalz. Verlag Pfälzische Landeskunde, Landau 2010.
- Pfälzer Restaurantführer 2020/21. Meininger Verlag, Neustadt 2019.
- Dumont Bildatlas 201, Pfalz – Idylle in Reben. 1. Auflage 2018.
- Merian-Heft, Pfalz, 2017.
- Christina Kuhn und Christian Löhden, 111 Orte in der Pfalz, die man gesehen haben muss. Emons Verlag, 2020.
- Ulrich Magin, Kleines Pfalz-ABC. Druck- und Verlagsgesellschaft, Husum 2018.
- Ulrich Magin, Das ist die Pfalz: Weinberg. Waldmeer. Weltachs. Regionalia-Verlag, Rheinbach 2016.
- Jörg-Thomas Titz, Pfälzerwald und Deutsche Weinstraße. Rother Bergverlag, München, 7. Auflage 2021.
- Jörg-Thomas Titz, Pfälzerwald – Wandern & Einkehren. Rother Bergverlag, München, 4. Auflage 2022.

Der Umwelt zuliebe …

Auch beim Wandern hinterlassen wir einen ökologischen Fußabdruck, aber im Einklang mit der Natur unterwegs zu sein, ist gar nicht so schwer!

VORBEREITUNG UND ANFAHRT
- Sich vorab informieren, worauf in Bezug auf Natur und Umwelt in der jeweiligen Wanderregion besonders zu achten ist.
- Soweit möglich mit Bahn und Bus anreisen, Wander- und Rufbusse nutzen.
- Ist eine Anfahrt mit dem Auto nötig, Fahrgemeinschaften bilden.
- Bei weiten Anfahrten Mehrtagestouren planen oder von einem Quartier vor Ort aus mehrere Touren absolvieren.
- Flugreisen möglichst reduzieren und durch Beiträge zu Klimaschutzprojekten kompensieren.

KLEIDUNG UND AUSRÜSTUNG
- Beim Kauf von Outdoor-Kleidung auf umweltfreundliche und faire Herstellung achten und Kleidungsstücke möglichst viele Jahre nutzen.
- Ausrüstung kann man eventuell auch gebraucht kaufen oder ausleihen.
- Reparieren statt neu kaufen.

VERPFLEGUNG
- Beim Einkauf Bio-Ware, regionale und saisonale Erzeugnisse bevorzugen.
- Hütten und Gasthäuser auswählen, die regionale Produkte verwenden.
- Auf Einwegflaschen und Plastikverpackungen verzichten, stattdessen wiederverwendbare Trinkflaschen und Brotzeitboxen benutzen.

ÜBERNACHTUNG
- Bei lokalen Anbietern buchen, damit Menschen vor Ort profitieren.
- Auf Hütten und in anderen Unterkünften Strom und Wasser sparen.

UNTERWEGS
- Wege benutzen und Abkürzer vermeiden.
- Sperrungen von Wegen und Schutzgebieten respektieren.
- Keine Blumen pflücken und keine Pflanzen entnehmen.
- Waldbrandgefahr beachten.
- Müll wieder mit nach Hause nehmen und dort entsorgen.
- Toilettengänge in freier Natur möglichst vermeiden.
- Lärm vermeiden.
- Hunde an die Leine nehmen.

Kleine Landeskunde der Pfalz

Geschichte

Von der Besiedlung durch die Kelten sind nur wenige Zeugnisse geblieben, wie ihre Höhensiedlungen auf dem Donnersberg und die Heidenmauer bei Bad Dürkheim. Die Spuren der Römer sind deutlicher zu erkennen. Sie brachten den Weinbau mit, wovon auch einige ausgegrabene Weinkeltern zeugen. Ihnen folgten die Alemannen und jenen die Franken.

Unter den Kaisern der Salier und Staufer rückte die Pfalz in das Zentrum des Ostfränkischen Reiches, umso mehr, als Heinrich I. im Jahr 925 Lothringen aus dem Mittelreich lösen und in das Ostreich eingliedern konnte. In der Pfalz befand sich die Machtbasis der Kaiser. Hier besaßen sie Eigentum an Burgen, Städten, Dörfern und Ländereien. Die Limburg bei Dürkheim ist der Stammsitz der Salier. Diese bauten den für seine Zeit gewaltigen Dom in Speyer und wählten ihn zu ihrer Grablege. Speyer wurde ihr Herrschaftszentrum, in dem mehr als 50 Reichstage abgehalten wurden. Der Trifels wurde unter den Staufern zur stärksten Burg im Reich ausgebaut.

Die Hausmacht der Kaiser schwand im Laufe der Zeit jedoch in dem Maße, wie die Lehnsherrschaften erblich wurden und sich über die reine Verwaltung hinaus dynastische Eigeninteressen entwickelten. Friedrich II. liebte es, sich im eroberten Normannenreich in Südu̇italien aufzuhalten und kümmerte sich weniger um die Pfalz und das übrige Reich. Er gab immer mehr Rechte ab und belehnte schließlich die Wittelsbacher mit der Pfalzgrafschaft. Diese bauten ihre Herrschaft bis zum Kurfürstentum aus, weshalb ihr Besitz auch als Kurpfalz bezeichnet wurde. Die von Heidelberg aus regierte Kurpfalz umfasste auch rechtsrheinische Gebiete, bildete jedoch nie einen geschlossenen Raum, sondern einen der damals charakteristischen Flickenteppiche. Die Wittelsbacher regierten bis zum Ende des Heiligen Römischen Reiches Deutscher Nation im Jahre 1803. Seit dem Jahre 1410 regierte eine weitere Wittelsbacher Linie Teile der heutigen Pfalz von Zweibrücken aus.

Heidelberg wurde ein Zentrum des Protestantismus. Als Kurfürst Friedrich V. 1619 die ihm vom aufständischen böhmischen Adel angebotene böhmische Königskrone annahm (Winterkönig), entwickelte sich daraus zwangsläufig ein kriegerischer Konflikt mit Habsburg und schließlich der Dreißigjährige Krieg. Die pfälzischen Lande litten darunter besonders. Unter Ludwig XIV. betrieb Frankreich eine ungehemmte Expansion nach Osten bis zum Rhein. Die Heirat von Liselotte von der Pfalz mit dem Bruder des Königs, dem Herzog von Orléans, wurde zum Vorwand für Erbansprüche auf die Pfalz genommen. Insbesondere im Pfälzischen Erbfolgekrieg wurden 1689 nicht nur das Heidelberger Schloss gesprengt und der Speyerer Dom stark zerstört, sondern alle Burgen, Städte und Dörfer im Kerngebiet der Kurpfalz und links des Rheins bis hinauf an den Niederrhein förmlich dem Erdboden gleichgemacht. Aufgrund des kompletten Wiederaufbaus in der ersten Hälfte des 18. Jh. bieten die Kerne der Städte und Dörfer heute ein einheitliches, am Barock orientiertes Bild.

Fast genau 100 Jahre nach dem Pfälzischen Erbfolgekrieg, im April 1792, marschierten französische Revolutionstruppen ein, vertrieben die Herzöge von Pfalz-Zweibrücken und die übrigen kleineren Herrscher und schufen damit erstmals ein geschlossenes politisches Gebiet, das sie als Département Mont-Tonnerre (Donnersberg) in die französische Republik eingliederten. Nach dem Sieg über Napoleon kamen bei der Neuordnung auf dem Wiener Kongress die rechtsrheinischen Gebiete der Kurpfalz zum Herzogtum Baden, die linksrheinischen zu Bayern, wo sie bis zum Ende des sogenannten Dritten Reiches verblieben. Die durch die Französische Revolution gewonnenen Bürgerrechte wurden im zunächst »Rheinkreis«, dann »Pfalz« genannten bayerischen Gebiet anfangs garantiert. Als die Pressefreiheit eingeschränkt wurde und die wirtschaftliche Situation desolat war, kam es zum Widerstand und zum Hambacher Fest von 1832. Auch 1848 standen Pfälzer und Badener an der Spitze der Revolution.

Rekonstruierter Keltenwall am Donnersberg.

Im Ersten und im Zweiten Weltkrieg war die Pfalz militärisches Aufmarschgebiet. Beim Vormarsch der Alliierten 1944/45 trug sie die Last des Krieges in Form zerstörter Städte, Dörfer und Infrastruktur. Nach dem Ersten Weltkrieg wurde die Pfalz französisch verwaltet und auch nach dem Zweiten Weltkrieg war sie von französischen Truppen besetzt. Die Pfalz wurde Teil des neu geschaffenen Landes Rheinland-Pfalz. Eine vertrauensvolle Zusammenarbeit mit dem benachbarten Elsass findet heute auf vielen Gebieten statt.

Geografie

Wenn wir heute von der Pfalz sprechen, so ist dies das Gebiet, das auf dem Wiener Kongress Bayern zugesprochen wurde und dort von 1816 bis 1946 verblieb: das Gebiet zwischen dem Oberrhein auf dem Abschnitt Karlsruhe bis südlich Worms im Osten und dem Saarland im Westen, zwischen Elsass-Lothringen im Süden und Rheinhessen und dem Nahe-Hunsrück-Raum im Norden. Damit hat die Pfalz Anteil an der Oberrheinebene. Das Gebiet der Weinstraße und des Haardtrandes bildet die schmale Übergangszone zum Pfälzerwald, dem größten zusammenhängenden Waldgebiet Deutschlands. Daran schließt sich westlich die Hochfläche des Westrich an. Den Norden

Herbstzeitlosen im Nordpfälzer Bergland.

der Pfalz umfasst das Pfälzer Bergland, das durch die Flusssysteme von Glan, Lauter und Alsenz gegliedert wird.

Die größten Städte sind die Industriestadt Ludwigshafen (ca. 160.000 Einwohner) mit der Nachbarstadt Frankenthal, Kaiserslautern (ca. 100.000 Einwohner), Pirmasens, das ehemalige Schuhzentrum Deutschlands (ca. 40.000 Einwohner), das Verwaltungszentrum Neustadt an der Weinstraße (ca. 53.000 Einwohner), Speyer, eine der historisch bedeutendsten Städte Deutschlands mit seinem Kaiserdom (ca. 50.000 Einwohner), das von Vauban zur französischen Festung ausgebaute Landau (ca. 43.000 Einwohner) und die ehemalige Residenz der Herzöge von Pfalz-Zweibrücken, die Stadt Zweibrücken (ca. 34.000 Einwohner). Der Westrich und insbesondere das Pfälzer Bergland sind geprägt durch viele kleine Dörfer und wenige Kleinstädte. Eine Industrialisierung hat hier nie stattgefunden.

Wabenverwitterung im Buntsandstein.

Geologie

Südwestdeutschland ist gekennzeichnet durch eine geologische Besonderheit: den 300 km langen und 35 km breiten **Oberrheingraben**, der Teil einer tektonischen Störung ist, die sich vom Mittelmeer über das Rhonetal und den Leinegraben bis in die Nordsee zieht. Der Einbruch des Oberrheingrabens begann vor 55 Mio. Jahren im Tertiär. Nach heutigem Wissensstand lag die Ursache in einer Aufwölbung des Erdmantels, wobei das Gewölbe unter der zu großen Spannung stufenweise bis in unterschiedliche Tiefen einbrach. Die Absenkung hält bis heute an und beträgt etwa 1 mm pro Jahr. Der sehr unterschiedlich tiefe Oberrheingraben wurde in der Folgezeit mit Sedimenten zu einer Stärke von vermutlich bis zu etwa 4000 Metern (westlich von Heidelberg) aufgefüllt.

Pfälzerwald und Odenwald im Norden sowie Schwarzwald und Vogesen im Süden bilden die Randschultern des eingebrochenen Gewölbes. Die Randschulter des Grabens besteht in der Pfalz heute aus Buntsandsteinformationen. Jüngere Erdschichten wurden im Bereich des **Pfälzerwaldes** abgetragen, sind in den Graben abgesunken und nur geringfügig am Haardtrand

Esskastanien.

nachweisbar, finden sich aber insbesondere als Muschelkalk flächenhaft weiter westlich im Westrich. Da der Buntsandstein als Grundlage für Ackerbau gar nicht und auch für Grünlandwirtschaft kaum geeignet ist, sind die Buntsandsteinvorkommen und der Pfälzerwald annähernd deckungsgleich.

Die Buntsandsteinschichten sind je nach Art der Ablagerung durch Flüsse oder Wind und der Zusammensetzung des Ausgangsmaterials sehr unterschiedlich. Harte, oftmals von Kieselhorizonten durchzogene Buntsandsteinbänke wechseln ab mit schwachen, häufig helleren Schichten, die der Erosion weniger Widerstand entgegensetzen. Deshalb sitzen häufig breite, kompakte Felsbänke auf einer ausgehöhlten Basis. Der bekannteste »Wackelstein« ist der Teufelstisch bei Hinterweidenthal. Einen ästhetischen Anblick bieten die typischen Wabenverwitterungen des Buntsandsteins. An der Abbruchkante des Haardtrandes wurden insbesondere eisenhaltige Mineralien ausgewaschen und haben einen gebleichten, gelben Buntsandstein entstehen lassen (z. B. Kriemhildenstuhl, Etappe WS 2).

Die Nordpfalz war einmal eine sogenannte intramontane Mulde, in der Flüsse und Seen für Ablagerungen sorgten, die später über weite Flächen zu Konglomeratgesteinen verdichtet wurden. Der Pfälzer Höhenweg verbindet mit dem Donnersberg und dem Königsberg zwei aus Rhyolith (früher war der Begriff Porphyr gebräuchlich) aufgebaute, ihre Umgebung deutlich überragende Erhebungen. Diese entstanden durch nach oben drängende Magmakammern, die jedoch die Erdoberfläche nicht durchbrachen und somit keinen Vulkan entstehen ließen. Auch diese Dome aus Hartgestein wurden der Erosion unterworfen, die Ablagerungen wiederum zu Konglomeraten verdichtet. Diese erscheinen dem Wanderer auf den ersten Blick oft als Beton.

Landschaft, Klima, Flora und Fauna

Zwischen der Geologie und den in diesem Kapitel betrachteten Faktoren bestehen enge Beziehungen. So weist der Oberrheingraben aufgrund seiner durch die Randgebirge geschützten Lage und häufiger aus dem Mittelmeerraum übergreifender Luftmassen die höchsten Temperaturen in

Deutschland auf. In einem schon fast mediterranen Klima gedeihen in der Hügelzone der Deutschen Weinstraße Mandelbäume, Feigen, Wein, Zedern und Mammutbäume. Am Waldsaum des Haardtrandes überwiegen Esskastanien, deren Stangenholz früher im Weinbau beim sogenannten Kammertbau verwendet wurde. Ihre Früchte (Keschde) sind im Herbst regionaltypische Bestandteile der Pfälzer Küche, als glasiertes Gemüse oder als Beifüllung im Saumagen und im Keschdebrot. Auf dem Hochgestade des Rheins sind dank der fruchtbaren Lössebenen und eines Bewässerungssystems mehrere Gemüseernten im Jahr möglich. Von ihnen grenzen sich die feuchten, aus Kies und Sand bestehenden Schwemmfächer der Rheinzuflüsse mit ihren Wäldern scharf ab.

Die unfruchtbaren Böden des Buntsandsteins und die steilen Hänge der tief eingeschnittenen Bachtäler sind vom Pfälzerwald bedeckt. An den trockenen Südhängen gedeiht häufig nur noch die Kiefer, während auf den Plateaus Buche und Eiche vorherrschen und der Anteil der Nadelbäume bewusst verringert wird. Im Wasgau, wo die fortgeschrittene Erosion oftmals nur noch schmale Felsriegel zurückgelassen, dafür aber breitere Täler geschaffen hat, ist auch Grünlandnutzung und Ackerbau möglich.

Kastanienblüte im Winzerdorf Rhodt.

Der Pfälzerwald wurde bereits 1958 als Naturpark und 1967 als Landschaftsschutzgebiet ausgewiesen. Seit 1998 ist der Pfälzerwald Teil des deutsch-französischen Biosphärenreservats Pfälzerwald-Nordvogesen.

Das Nordpfälzer Bergland, das vom Pfälzer Höhenweg durchzogen wird, stellt eine von Fluss- und Bachtälern zerschnittene Hochfläche dar (»Bucklige Welt«). Typisch ist die Kleinkammerung der Landschaft, in der sich Wald, Grünland- und Ackerflächen mosaikartig abwechseln. Die Eignung für die Landwirtschaft ist aufgrund der ungünstigen Bodenwertzahlen, des Klimas und der Hangneigungen nur mäßig. Die Landschaftsstruktur hat zur Bildung sehr vieler, sehr kleiner Dörfer beigetragen, die heute nur noch die Funktion von Auspendlergemeinden haben. Auf den Hartgesteinsdomen von Donnersberg und Königsberg muss die landwirtschaftliche Nutzung außen vor bleiben. Der Weinbau an den Südhängen von Alsenz- und Glantal wurde aufgrund der schwierigen Bewirtschaftung fast gänzlich aufgegeben.

Blick in die Oberrheinebene.

Haus der Deutschen Weinstraße in Bockenheim.

Wirtschaft

Aufgrund der exzellenten Bedingungen für die Landwirtschaft wurden das Hochgestade des Rheins und die Hügelvorzone des Pfälzerwaldes schon früh besiedelt. Mit Rheinhessen ist die Pfalz das größte Weinanbaugebiet Deutschlands. Entlang der Weinstraße hat sich der Wein zur Monokultur entwickelt. Dabei wurden die nur in Handarbeit zu pflegenden Terrassenlagen am Haardtrand aufgegeben und die Rebflächen in Richtung der Ebene stark ausgedehnt. In der Oberrheinebene hat der Gemüseanbau große Bedeutung. Im Pfälzerwald bildete die Forstwirtschaft naturgemäß fast ausschließlich die Erwerbsgrundlage. Noch heute trifft man auf aus Buntsandstein gefügte Triftkanäle, die dem Abtransport des Holzes dienten.

Holzkohle wurde unter anderem für die nicht sehr bedeutende Erzverhüttung eingesetzt, z. B. für die Eisenverhüttung bei Trippstadt. In der Nordpfalz hatte der Erzbergbau bis in das 19. Jh. einige Bedeutung. In Besucherbergwerken wird dies dem Touristen veranschaulicht. In Wolfstein kann der Wanderer sogar erleben, wie Kalk unter Tage gefördert wurde.

Heute setzen Weinstraße, Pfälzerwald und auch die Nordpfalz auf den Tourismus.

Die Schuhproduktion in Pirmasens und später auch in den umliegenden Dörfern nahm 1790 ihren Ausgang, als die dortige Garnison mit dem Tode von Ludwig IX. von Hessen-Darmstadt aufgelöst wurde und 2400 Grenadiere ohne Arbeit und Brot waren. Sie versuchten ihr Auskommen als »Schlabbeflicker« zu finden, woraus sich im 19. Jh. und bis gegen 1970 die deutsche Schuhmetropole entwickelte. Dies ist Geschichte, weil die Lohnsteigerungen in diesem arbeitsintensiven Gewerbe nicht durch Produktivitätssteigerungen ausgeglichen werden konnten.

In den 60er- und 70er-Jahren des vorigen Jahrhunderts bezeichnete die Westpfalz sich selbst als Armenhaus Deutschlands. Die Ansiedlung des Opelwerkes in Kaiserslautern sollte dem entgegenwirken; gleichzeitig begann jedoch der Niedergang des bedeutendsten Arbeitgebers, der Pfaff-Nähmaschinen-Werke. Nach dem Ende des Kalten Krieges gingen auch viele Arbeitsplätze im militärischen Bereich verloren. Andererseits verfügt die Pfalz mit der BASF in Ludwigshafen über den weltweit größten Chemiekom-

Wein, so weit das Auge reicht.

plex und mit dem Lkw-Werk von Daimler in Wörth über die größte Lastwagenfabrik der Welt. Mit der Technischen Universität Kaiserslautern und angegliederten Forschungseinrichtungen besteht seit 1970 eine Bildungs- und Wissenschaftseinrichtung, die die zukünftige wirtschaftliche Entwicklung der Pfalz mitbestimmen wird.

Tourismus

Bis weit in die zweite Hälfte des 20. Jahrhunderts blieb die Pfalz für weite Teile der Republik – ganz im Gegensatz zu den Nachbarregionen Schwarzwald und Elsass – als »Fremdenverkehrsgebiet« unbekannt. Die Kenntnisse beschränkten sich im Wesentlichen auf den Speyerer Dom und den Dürkheimer Wurstmarkt als größtes Weinfest der Welt. Vielmehr war die Region Pfalz im Kalten Krieg belastet mit dem Begriff »Flugzeugträger der NATO«. Auch Wein- und Lebensqualität konnten mit dem Elsass und der Toskana nicht mithalten.

Geisbockversteigerung in Deidesheim.

Die überwiegende Unkenntnis der bundesrepublikanischen Bevölkerung änderte sich schlagartig mit den Feiern zum hundertfünfzigjährigen Jubiläum des Hambacher Festes von 1832, als die Pfalz beachteter Gegenstand von Fernseh- und Zeitungsberichten wurde. Das geweckte Interesse wurde wach gehalten als Bundeskanzler Helmut Kohl seine ausländischen Staatsgäste nach Deidesheim, in den Dom zu Speyer und auf das Hambacher Schloss einlud.

Inzwischen werden insbesondere die Deutsche Weinstraße und der Haardtrand, nachdem die Winzer ihren Wein von Quantität auf Qualität umgestellt haben, von der Mandelblüte im Frühjahr bis zur Weinlese im Herbst stark frequentiert. Das touristische Angebot ist breit gefächert. Von der einfachen Waldhütte über die Straußwirtschaft und die Weinstube bis zum Sterne-Restaurant, von der Ferienwohnung und dem Gästezimmer beim Winzer bis zur Luxusherberge ist für jeden Geschmack und jeden Geldbeutel etwas dabei.

Weinfestdekoration.

Weinfeste

In der Pfalz gibt es über das Jahr etwa 150 Weinfeste, hauptsächlich im Sommer, beginnend mit dem Mandelblütenfest in Neustadt-Gimmeldingen im März (Termin je nach Stand der Mandelblüte) und endend zu Martini im November. Der Dürkheimer Wurstmarkt an zwei Wochenenden im September ist das größte Weinfest der Welt.

Die Pfalzweinwerbung hat die 19 schönsten Weinfeste auserkoren:

- Rhodt unter Rietburg: Weintestival, letztes Wochenende im April
- Weyher: Weyherer Weinpanorama, 1. Wochenende im Mai
- Birkweiler: Weinfrühling, Mai/Juni
- Neustadt-Hambach: Schwarzrotgold, 3. Wochenende im Juni
- Niederkirchen: Fest um den Wein, letztes Wochenende im Juni
- Gönnheim: Wein- und Kulturtage, 1. Wochenende im Juli
- Herxheim am Berg: Wein- und Sektsymposium, 2. Wochenende im Juli
- Venningen: Weinfest, 3. Wochenende im Juli
- Neuleiningen: Burgweinfest, letztes Wochenende im Juli
- Dackenheim: Liebesbrunnenfest, letztes Wochenende im Juli
- Bad Dürkheim-Ungstein: Ungsteiner Weinsommer, letztes Wochenende im Juli
- Ilbesheim: Kalmitweinfest, letztes Wochenende im Juli
- Gleisweiler: Weinkerwe »Wein und Kunst«, 1. Wochenende im August

- Kirchheim-Bolanden: Residenzfest, 2. Wochenende im August
- Deidesheim: Weinkerwe, 2. und 3. Wochenende im August
- Gleiszellen-Gleishorbach: Weinfest in der Winzergasse, 2. Wochenende im Sept.
- Siebeldingen: Kulinarische Weinbergswanderung, Mitte September
- Pleisweiler-Oberhofen: Fest des Federweißen, 2. Wochenende im Oktober
- Birkweiler Weinwinter, 2. Adventswochenende

Aus Sicht des Autors zählen außerdem das Altstadtfest am 1. Wochenende im Juni und das Stadtmauerfest am 3. Wochenende im Juli im mittelalterlichen Ambiente des mauerumgürteten Freinsheim unzweifelhaft zu den schönsten Weinfesten in der Pfalz. (Informationen über alle Weinfeste gibt es auch unter www.pfalz.de, siehe »Weinfeste«.)

Die in den Straßen und Winzerhöfen stattfindenden Weinfeste werden zunehmend ergänzt durch Weinevents in den Weinbergen, oftmals verbunden mit Weinverkostungen, Weinbergsbegehungen und Spaziergängen. Darüber hinaus gestalten die einzelnen Weingüter eigene Weinfeste in ihren Höfen und Kellern. Das Pendant zu den Weinfesten an der Deutschen Weinstraße sind im Pfälzerwald die Dorf-, Wald- und Burgfeste. Sie werden ergänzt durch Events zu bestimmten regionalen Themen, wie zum Beispiel Köhlerfeste und Triftfeste, die die Erinnerung an die Holzkohlegewinnung bzw. den Transport des geschlagenen Holzes über die zu Triftkanälen ausgebauten Bäche wachhalten. (Die Termine aller Feste in der Pfalz finden sich in der Kleinstformat-Broschüre »Die Pfalz feiert«, bei Tourist-Informationen, Hotel-Gastronomie, Winzern, auch als App für Smartphones verfügbar.)

Haus der Nachhaltigkeit in Johanniskreuz.

Pfälzer Weinsteig

Über das Haardtgebirge parallel zur Deutschen Weinstraße bis zum Deutschen Weintor an der elsässischen Grenze

Der **Pfälzer Weinsteig** verläuft über 172 km vom Haus der Deutschen Weinstraße in Bockenheim bis zum Deutschen Weintor in Schweigen an der Grenze zum Elsass über die östlichen Höhen des Pfälzerwaldes. Wer aus dem Namen – was nahe liegt – eine Wanderung durch eine Weinlandschaft ableitet, wird enttäuscht sein. Der Weinsteig berührt Weinberge nur höchst selten. Allerdings bietet er aus den luftigen Höhen des Haardtrandes viele beeindruckende Tief- und Fernblicke auf das Rebenmeer entlang der Deutschen Weinstraße. Start- und Zielpunkt der einzelnen Etappen ist fast immer ein gemütlicher Weinort mit regionaltypischer Gastronomie.

Wer durch eine reine Weinlandschaft wandern möchte, sei auf den 100 Kilometer langen **Wanderweg Deutsche Weinstraße** von Bockenheim bis Schweigen verwiesen. Wenn auch bisher versäumt wurde, dessen Trassenführung an die heute an Wanderwege gestellten Qualitätsanforderungen anzupassen, so ist die Route für Weinliebhaber dennoch ein lohnendes Freizeitvergnügen. Besonders empfehlenswert sind die Zeiten der Mandelblüte im März und der Weinlese im September/Oktober. Im Hochsommer sollte wegen der Hitze in den Weinbergen von dieser Wanderung abgesehen werden.

Der **Pfälzer Weinsteig** zieht also fast ausschließlich durch Wald, und zwar häufig in der Nähe der Abbruchkante des Pfälzerwaldes zum Oberrheingraben. Deshalb sind viele tief eingeschnittene Fluss- und Bachtäler zu queren, was entsprechende Auf- und Abstiege erfordert (vgl. die entsprechenden Angaben in den Etappenbeschreibungen). Der Weinsteig wird in diesem Wanderführer in zwölf Etappen aufgeteilt. Dabei sind die erlebnisreichsten Abschnitte bewusst kurz gewählt, um für Besichtigungen, Schauen und Einkehren genügend Zeit zu lassen – also dem Genuss Vorrang vor der sportlichen Leistung zu geben.

Das Logo des Pfälzer Weinsteigs ist unterwegs, soweit es mit Farbe an Bäumen und Felsen aufgetragen ist, vereinfacht dargestellt.

Schlechtwetteralternativen zum Wandern bieten an der Weinstraße Weinproben und Weinkauf sowie die Tipps bei den jeweiligen Etappenbeschreibungen. Außerdem sei auf weitere Möglichkeiten abseits des Steiges hingewiesen:

Burg Trifels.

Pfälzer Weinsteig

- Freinsheim: Rundgang um die weitgehend erhaltene Stadtmauer; hochwertige Gastronomie.
- Speyer (Vorwahl 06232): Kaiserdom, Maximilianstraße mit Altpörtel, Fischerquartier, Jüdisches Viertel, urige Weinstuben und gute Restaurants, Historisches Museum der Pfalz (Tel. 132 50), Technik-Museum und IMAX-Kino (Tel. 670 80), Sea Life (Tel. 697 80).
- Landau (Vorwahl 06341): Zoo (Tel. 13-7010), Reptilium (Tel. 510 00), LaOla Erlebnisbad (Tel. 13-9200).

Pfälzer Weinsteig

 ## Von Bockenheim nach Neuleiningen

4.45 Std.
17 km

Wein, nichts als Wein

Auf der ersten Etappe macht der Weinsteig seinem Namen alle Ehre. Er leitet durch die sonnenverwöhnten, mit Weinreben bestockten Hänge der geologisch bereits zum Rheinhessischen Tafel- und Hügelland gehörenden Kalktafeln nördlich des Buntsandsteins des Pfälzerwaldes. Es ist eine aussichts- und ggf. sonnenreiche Wanderung durch eine offene Kalk- und Lösslandschaft. Die beste Wanderzeit ist zweifellos die während der Weinlese, an heißen Sommertagen ist eher von einer Wanderung abzuraten.

Ausgangspunkt: Bockenheim, 160 m. Erreichbar mit ÖPNV: Umsteigeverbindungen mit der Pfälzischen Nordbahn von Frankenthal oder Neustadt an der Weinstraße über Freinsheim und Grünstadt, von Worms über Monsheim, von Mainz/Bingen über Alzey und Monsheim. Mit dem Auto: von Grünstadt bzw. Monsheim über die B 271, Parken am Haus der Deutschen Weinstraße.
Endpunkt: Neuleiningen, 268 m. Rückfahrt mit ÖPNV: Buslinie 454 ab Neuleininger-Kreuz bis Grünstadt-Bf., Zug nach Bockenheim. Mit dem Auto über L 453 bis Grünstadt, B 271 nach Bockenheim.
Höhenunterschied: Aufstieg 500 m, Abstieg 390 m.
Anforderungen: Längere Weinbergswanderung, kaum Schatten. Sonnenschutz und Getränke mitnehmen.
Einkehr: Haus der Deutschen Weinstraße in Bockenheim (Mi–Sa 15–22 Uhr, So/feiertags 11–22 Uhr, Tel. 06359/9378920); Weinwanderhütte am Asselheimer Goldberg (April–Okt. an Wochenenden geöffnet, www.gruenstadt-asselheim.de/asselheim/weinwanderhuette); Restaurant Akropolis am Stadtpark Grünstadt (Di–Sa 16–20 Uhr, So 12–14 und 16–20 Uhr, Tel. 06359/2921); Neuleiningen.
Unterkunft: Bockenheim (Vorwahl 06359): Kat. II-III: P Gästehaus Brehm (www.weinbau-brehm.de, Tel. 949845); P Brunett (www.pension-brunett.de, Tel. 5794); P Gästehaus Langhauser (Tel. 4262); P Weingut Lösch & Sohn (www.weingut-pension-loesch.de, Tel. 4451); P Winzerhof Wendel (www.winzerhof-wendel.de, Tel. 4130). **Grünstadt** (Vorwahl 06359): Kat. IV: HR Pfalzhotel Asselheim (www.pfalzhotel.de, Tel. 80030); HR Villa Brenner (www.villabrenner.com, Tel. 937060). Kat. II: HR Jakobslust (www.hotel-jakobslust.de, Tel. 924600); P Haardtblick (www.pensionhaardtblick.de, Tel. 93280); GH Via Weingut Eberle (www.via-eberle.com, Tel. 5817); P Stadt-Café (www.pensionstadtcafe.de, Tel. 93680). **Neuleiningen** (Vorwahl 06359): Kat. IV: HR Alte Pfarrey (www.altepfarrey.de, Tel. 86066). Kat. III: HR Zum Burggraf (www.zumburggraf.de, Tel. 2826); HR Sonnenberg (www.nippgen.net, Tel. 82660); Landgasthaus Zum Engel (www.landgasthaus-zum-engel.de, Tel. 209359). **Battenberg:** Kat. III: Hofgut Battenberg (www.hofgutbattenberg.de, Tel. 06359/2196).
Information: Tourist-Information Grünstadt (Im Alten Rathaus, Hauptstr. 84, 67269 Grünstadt, www.leiningerland.com, Tel. 06359/9297234). Tourist-Information Verbandsgemeinde Leiningerland (Haus der Deutschen Weinstraße, Weinstr. 91 b, 67278 Bockenheim, www.leiningerland.com, Tel. 06359/8003002).
Tipps: Altstadtfest am 1. Wochenende im Juni und Stadtmauerfest am 3. Wochenende im Juli in Freinsheim.

Pfälzer Weinsteig

Bockenheim, 160 m, bildet den nördlichen Abschluss der 85 km langen Deutschen Weinstraße. Der Zusatz »heim« deutet darauf hin, dass die Siedlungsanfänge auf die Zeit der fränkischen Landnahme um 500 n. Chr. zu datieren sind. Die erste urkundliche Erwähnung findet Bockenheim 770 im Lorscher Codex. Es ist bekannt, dass die Bockenheimer Bauern sich 1525 aktiv am Bauernkrieg beteiligten. Die selbstständigen Siedlungen Groß- und Kleinbockenheim wurden 1956 zur Gemeinde Bockenheim, die Teil der Verbandsgemeinde Grünstadt-Land ist, zusammengelegt. In der Weinbaugemeinde mit ca. 2100 Einwohnern und 400 ha Rebfläche wird seit etwa 1200 Jahren Weinbau betrieben.
Der steingedeckte romanische Turm der **Martinskirche** in Kleinbockenheim stammt aus dem 11. Jh. Neben der Kirche hatten die Grafen von Leiningen ihre **Emichsburg** errichtet. Diese wurde im Laufe der Geschichte ebenso zerstört wie das auf den Ruinen errichtete Schloss. Reste des Schlosses sind in das Schlossgut integriert. In Großbockenheim weist in der katholischen Pfarrkirche St. Lambert eine Madonna mit Jesuskind, das eine blaue Weintraube segnet, auf die Weinbautradition hin. Historische Relikte finden sich noch im ehemaligen Zehntkeller und den Resten der mittelalterlichen Befestigung. Auf dem Gelände der ehemaligen Schaffnerei des Klosters Otterberg befindet sich heute eine Weinlaube, die von Bockenheimer Winzern bewirtschaftet wird.
Als Gegenstück des Deutschen Weintores am Südende der deutschen Weinstraße in Schweigen wurde 1995 zwischen Groß- und Kleinbockenheim das **Haus der Deutschen Weinstraße** mit Restaurant und Seeterrasse errichtet. Es überspannt die Weinstraße und ist von einem kleinen Park umgeben. Jeweils im Mai finden in Bockenheim die Mundarttage statt und im Oktober werden die Pfälzer Mundartwettstreite ausgetragen.

Martinskirche in Bockenheim.

Pfälzer Weinsteig

Zuweg vom Bahnhof Bockenheim: Der rechte Ast des Leininger Rings leitet durch den alten Ortskern von Kleinbockenheim. Kurz bevor wir die Bundesstraße 271 (Deutsche Weinstraße) erreichen, führen rechts die Schlosstreppen hinauf zur **Martinskirche**. Leider ist bereits der Hof der evangelischen Kirche fast immer verschlossen. Rechts daneben befindet sich das

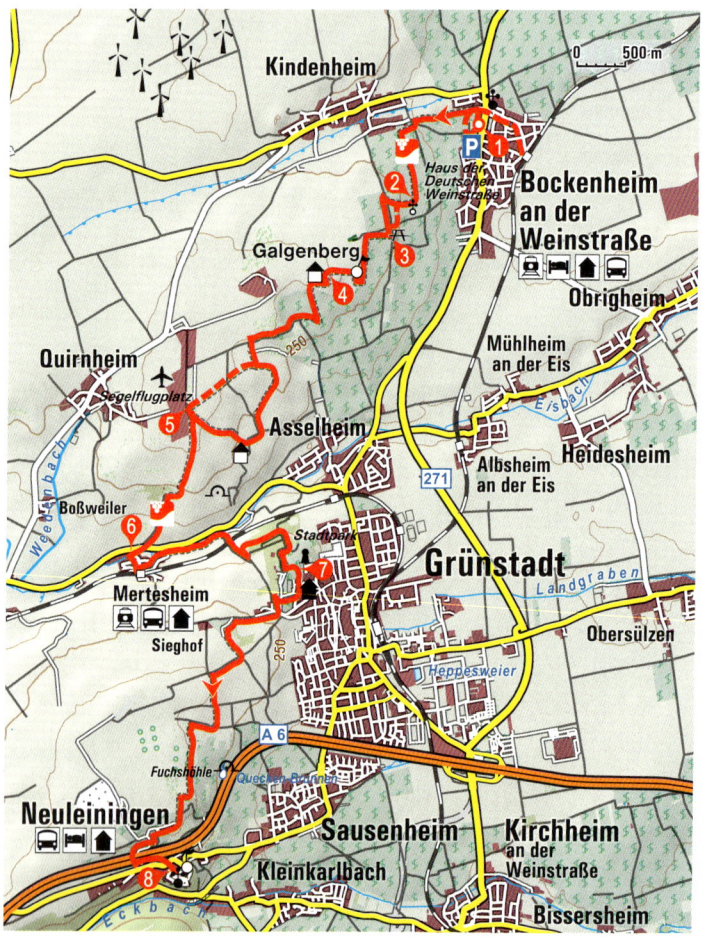

Pfälzer Weinsteig

Weingut Janson auf dem Gelände des ehemaligen Schlosses, in dem Wein probiert werden kann.
Von der B 271 ist links das Haus der Deutschen Weinstraße sichtbar. Wir gehen etwa 100 m die Straße entlang und dann durch das Gelände der ehemaligen Klosterschaffnerei, in dem sich eine Weinlaube mit Weinausschank befindet, zum Brückenrestaurant. (Wer nicht zum Haus der Deutschen Weinstraße möchte, läuft bei Erreichen der B 271 links neben dem Haus Neuhäusel geradeaus in den Pfad hinein.)
Der Pfälzer Weinsteig beginnt am **Haus der Deutschen Weinstraße (1)**, 160 m (Restaurant, Seeterrasse, Tourist-Information, WC, Bankautomat, Parkplätze), das den Beginn/das Ende der 85 km langen Deutschen Weinstraße markiert. Die Wegmarkierung des Weinsteigs zeigt durch die Weinlaube und an der Bundesstraße entlang bis vor das Haus Neuhäusel, wo wir in den Pfad abbiegen.

Variante: Es gibt einen schöneren Weg, der die Bundesstraße meidet, wir gehen nördlich oder südlich um den kleinen See in der Grünanlage herum bis zu seiner Westseite. Der kleine Park wird hier durch einen Betonweg begrenzt, dem wir kurz nach rechts folgen. An einer Wassergewinnungsanlage vorbei gehen wir den Kiesweg hinauf und treffen unterhalb eines Wohngebietes auf den Pfad vom Haus Neuhäusel. Diesem folgen wir nach links vorbei an einer alten Weinpresse und einem Weinfass nach Westen.

Vor einem einzelnen Haus geht es links-rechts in einen Grasweg und wieder links auf Gras etwa 500 m quer durch den Hang des Weinbergs. Je höher wir steigen, umso mehr öffnet sich der Blick: hinter uns die markante Martinskirche, das Haus der Deutschen Weinstraße und Bockenheim, rechts Windmühlen auf dem Heinzenberg über Kindenheim, in der Rheinebene die Zuckerfabrik in Offstein mit ihrer während der Zuckerrübenkampagne im Herbst/Winter aufsteigenden Wasserdampfwolke und vor der Silhouette des Odenwalds Mannheim, Ludwigshafen und Frankenthal mit den rauchenden Schornsteinen der BASF.
Bereits auf ansteigendem Weg entdecken wir links abseits unter mächtigen Linden eine barocke Kapelle. Es ist die **Heiligenkirche (2)** am Petersberg (45 Min.), die wir durch eine der Rebzeilen hindurch erreichen. Das Kirchlein

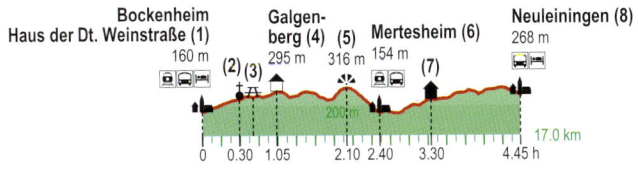

hatte einige Vorgängerkirchen, wie die Tafel an der Kirchenmauer berichtet. Davor befindet sich eine meist trockene Quellfassung. Wir gehen durch die Rebzeilen zurück zum Weinsteig, der weiter bis zu einem Betonweg ansteigt. Die Weinberge sind leicht terrassiert, wobei die Kanten aus gewachsenem Kalkfels, Weinbergsmauern oder aus Dämmen von Lesesteinen bestehen.

Variante: Wir folgen dem Weinsteig nicht ganz bis zum Betonweg auf dem Plateau, sondern biegen bereits auf der Terrassenkante, an der Schussanlage, die im Herbst die Starenschwärme vergrämen soll, links ab. Oberhalb der überwachsenen Halde aus gesammelten Feldsteinen kommen wir nach 50 m zu einem kleinen verwitterten Kalkblock, dem Katzenstein. Er soll in vorchristlicher Zeit als Opferstein gedient haben. Wir gehen weiter abseits des offiziellen Weinsteigs oberhalb der Terrassenkante und vor der ersten Rebzeile auf Gras nach Süden und gelangen zum **Patricia-Platz (3)**, 257 m (10 Min.), benannt nach der 70. Pfälzischen Weinkönigin. Es ist ein besonders schöner und aussichtsreicher größerer Rastplatz inmitten eines Patenweinbergs mit 418 Rebstöcken. Jeder kann Pate eines Rebstocks werden (www.bockenheim-online.de). Wenige Meter weiter könnte uns ein steinernes Häuschen Schutz vor Unwetter bieten. Nun müssen wir doch noch zum Betonweg hinauf.

Wir verlassen den Betonweg sehr bald wieder hinter einer Retentionsfläche an einer Schussanlage nach rechts in einen Grasweg. Dann ca. 300 m im Hang entlang. Nach rechts peilen wir einen Hochsitz an und nähern uns dem **Galgenberg (4)**. Seine Kuppe aus Kalkfels hat sich der Landbewirtschaftung widersetzt. Auf der Höhe kommen der Gerstenberg und der Segelflugplatz am Quirnheimer Berg ins Blickfeld. Der Weinsteig mäandert an einem steinernen Weinbergshäuschen vorbei durch den Weinbergshang. Nach einem Abstieg lenkt uns ein Schotterweg mit Blick auf Grünstadt im Linksbogen hoch um das Tiefe Tal herum. Die Landschaft ist geprägt von Terrassen und Hecken zwischen den Rebflächen. Ab einem Rastplatz gehen wir auf einem Betonweg, der in Zuckerrübenfelder hinausführt. Hier wandern wir um die Wolfskehl herum. Nun geht es hinab in die Weinlage Goldberg und ab der Grillhütte Asselheim wieder 90 Höhenmeter hinauf zum **Quirnheimer Berg**, 316 m (85 Min.), und zum **Segelflugplatz (5)**. (Notfalls kann man über den Grasweg entlang der Hangkante zum Segelflugplatz 600 Meter Weg einschließlich Ab- und Wiederaufstieg einsparen.)
Nicht erschrecken lassen vom Geräusch der Segelflugzeuge, wenn sie tieffliegend und elegant die Luft durchschneiden! Vom Kalkhügel lassen sich die Windenstarts beobachten. Von dort geht es auf Schotter und ab einer Streuobstwiese auf Beton im Südhang des Eisbachtales hinab zum 400 Einwohner kleinen Ort **Mertesheim (6)**, 154 m (20 Min.). Vorsichtig queren wir

die viel befahrene Landesstraße 395 (Bushaltestelle mit wenigen Verbindungen Mo-Fr nach Grünstadt-Bf.). Im Dorf an der barockisierten St.-Valentins-Kapelle vorbei bis zum Bahnhaltepunkt steigen wir 20 Höhenmeter an und wieder hinab in das grüne Eisbachtal. Unter dem Bogen einer Eisenbahnüberführung gelangen wir aus dem Tal hinaus zu einem Aussichtspunkt (Sinnesliege, Erläuterungen zu urzeitlichen Wohnhöhlen, der Donnersberg ist am Horizont sichtbar).

Durch Wald kommen wir zu einem größeren Parkplatz. Sparsame Markierungen führen durch den **Grünstadter Stadtpark (7)**, 230 m (45 Min., Einkehr in der Parkschenke), zuletzt auf schönem Waldpfad zum Ebertsheimer Weg. (Die Berggasse bietet sich hier als Abstiegsmöglichkeit ins Zentrum und zum Bahnhof von Grünstadt an.)

i **Grünstadt** *liegt mit seinen fast 13.000 Einwohnern am Übergang vom Buntsandstein des Pfälzerwaldes zu den rheinhessischen Kalk- und Lösstafeln. Fruchtbare Böden und mildes Klima gaben Anreize zu einer frühen Besiedlung ab der Mittelsteinzeit, wie Bodenfunde belegen. Auch Römer und Franken siedelten hier. Im Mittelalter hatten das lothringische Kloster Gandern und das elsässische Kloster Weißenburg Besitz in Grünstadt. Nur kurz gehörte Grünstadt zur Kurpfalz und kam ab 1505 nach und in den Besitz der Grafen von Leiningen. Ab 1556 war der Ort Marktflecken. Pestepidemien, der Dreißigjährige Krieg und die Brandschatzung im Pfälzischen Erbfolgekrieg 1689 führten zum Niedergang. Da auch die leiningischen Burgen Alt- und Neuleiningen von den Truppen Ludwigs XIV. zerstört waren, wurde Grünstadt Residenz der beiden Linien der Leininger. Die wechselvolle Geschichte der Stadt sollte sich fortsetzen: ab 1797 Teil des französischen Départements Mont-Tonnerre, nach dem Wiener Kongress 1816 mit der Pfalz bayerisch, fand sie sich nach dem Zweiten Weltkrieg seit 1946 im Land Rheinland-Pfalz wieder. 1969 erhielt Grünstadt durch die Eingemeindung von Asselheim und Sausenheim den heutigen Zuschnitt, verlor allerdings den Kreissitz.*

Der Ebertsheimer Weg führt an zwei Restaurants vorbei, bis der Weinsteig links in eine Obstwiese abbiegt und weiter in Wiesen und Felder hinauf leitet. Dem Wanderer wird eine Rundumsicht geboten, wobei im Frühjahr die gelben Rapsfelder mit den grünen Wiesen kontrastieren. Von einer Sinnesliege lässt sich das Panorama entspannt genießen. Wir wandern weiter an der Plateaukante und damit meistens an der oberen Grenze der Weinberge entlang nach Süden. Schließlich erreichen wir den Sportplatz von Neuleiningen, das Weingut-Hotel »Am Sonnenberg« und gehen unter der Autobahn hindurch zur Landesstraße (großer Parkplatz, Bushaltestelle »Neuleininger Kreuz« der Linien 454 und 457 nach Grünstadt). Wir gehen in das beschauliche, mittelalterlich geprägte Burgdorf **Neuleiningen (8)** hinein, zu seiner Burgruine und zur Kirche (Erläuterungen zu Neuleiningen siehe WS 2).

Pfälzer Weinsteig

Von Neuleiningen nach Bad Dürkheim

4.45 Std.
17,4 km

Durch das Leininger Land

Nach einer kurzen Einstimmung auf Weinberge und Obstwiesen wandern wir durch geschlossene Wälder, zuletzt erlebnisreich hinab nach Bad Dürkheim.

Ausgangspunkt: Neuleiningen, 268 m. Erreichbar mit ÖPNV: Buslinie 454 ab Grünstadt-Bf. bis Neuleiningen-Kreuz. Mit dem Auto: A 6/AS 19 Grünstadt und über Grünstadt oder Kirchheim nach Neuleiningen, Parken an der Tiefenthaler Straße kurz nach der Bushaltestelle oder nördlich der A 6 am Sportgelände »Am Sonnenberg«.

Endpunkt: Bad Dürkheim, Bahnhof, 132 m. Rückfahrt mit ÖPNV: Zug bis Grünstadt, von dort Buslinie 454. Mit dem Auto (Parken am Riesenfass) über B 271 bis Kirchheim, nach Bahnübergang links auf die L 520 über Kleinkarlbach.

Höhenunterschied: Aufstieg insgesamt ca. 400 m, Abstieg ca. 540 m.

Anforderungen: Mittellange Wanderung durch Schatten spendenden Wald mit langen ebenen Passagen und nur mäßigen Auf- und Abstiegen.

Einkehr: Neuleiningen; Battenberg (Burgschänke, Di–Fr ab 17 Uhr, Sa/So ab 12 Uhr, Tel. 06359/2934, Ausblick); Forsthaus Lindemannsruhe (ab 11 Uhr, Mo/Di Ruhetag, Tel. 06322/9472326); Bad Dürkheim: am Römerplatz und im Riesenfass (gutbürgerlich); gemütliche Weinstube: Bach-Mayer, ab 17 Uhr, So Ruhetag, Tel. 06322/92120).

Unterkunft: Neuleiningen und **Battenberg** siehe WS 1. **Bad Dürkheim** (Vorwahl 06322): Kat. IV-V: HR Gartenhotel Heusser (www.hotel-heusser.de, Tel. 9300); HR Kurpark-Hotel (www.kurpark-hotel.de, Tel. 7970). Kat. IV: HR Mercure Hotel (www.salinenhotel.com, Tel. 6010). Kat. III-IV: HR Fronmühle (www.hotelfronmuehle.de, Tel. 94090); Hg Weingarten (www.hotelweingarten.de, Tel. 94010). Kat. III: HR Marktschänke (www.marktschaenke-badduerkheim.de, Tel. 95260), Hg »An den Salinen« (www.hotel-an-den-salinen.de, Tel. 94040). Kat. II: HR Pfälzer Hof (www.pfaelzer-hof-duew.de, Tel. 979800). **Camping:** Knaus Campingpark (www.knauscamp.de, Tel. 61356). **Kallstadt** (Abseits des Weinsteigs, Vorwahl 06322): Kat. IV: HR Weinhaus Henninger (www.weinhaus-henninger.de, Tel. 2277). Kat. III-IV: HR Weinkastell »Zum weissen Ross« (www.weisses-ross-kallstadt.de, Tel. 5033). Kat. III: HR Kallstadter Hof (www.kallstadterhof.de, Tel. 6001090); Hg Landhotel Müller-Ruprecht (www.mueller-ruprecht.de, Tel. 620713); Hg Cleo's Hotel & Café (www.cleos-hotel.de, Tel. 941780). Kat. II-III: P Kallstadter Landhaus (www.kallstadter-landhaus.de, Tel. 63927).

Information: Tourist-Information Verbandsgemeinde Grünstadt-Land (touristik@gruenstadt-land.de, Tel. 06359/8001820). Tourist-Information Bad Dürkheim (Kurbrunnenstraße 14, 67098 Bad Dürkheim, www.bad-duerkheim.com, info@bad-duerkheim.de, Tel. 06322/935140).

Tipps: Bad Dürkheim: Ruine Hardenburg (www.burgen-rlp.de, Tel. 06322/7530); Klosterruine Limburg und Open Air Festival Limburg im Sommer zwischen Juni und August (www.bad-duerkheim.com); Pfalzmuseum für Naturkunde, Hermann-Schäfer-Straße 17 (täglich außer Mo, www.pfalzmuseum.de, Tel. 06322/94130); Freizeitbad Salinarium (www.salinarium.de, Tel. 935865); Dürkheimer Wurstmarkt Mitte Sept. (www.duerkheimer-wurstmarkt.de).

Pfälzer Weinsteig

i Besonders markant thront das Burg- und Weindorf **Neuleiningen** mit seiner Burgruine und der Pfarrkirche bei der Annäherung auf der Autobahn A 6 von Osten auf der Abbruchkante des Oberrheingrabens. Es bildet den nordöstlichen Eckpunkt des Pfälzerwaldes an der Grenze zum nördlich anschließenden waldlosen Rheinhessischen Tafel- und Hügelland. Graf Friedrich III. von Leiningen errichtete die Burg zwischen 1238 und 1241 an strategisch günstiger Stelle am Ausgang des Leininger Tales und damit gleichzeitig zum Schutz des westlich gelegenen Stammsitzes des mächtigen pfälzischen Grafengeschlechtes, der Burg **Altleiningen**. Erbaut wurde die Burg in der in deutschen Landen ungewöhnlichen Form eines Kastells mit vier an den Ecken der Anlage dreiviertelrund vorspringenden Türmen, wobei der Turm an der Nordwestecke gleichzeitig die Funktion des Bergfrieds übernahm. Das mauerumgürtete Dorf wirkt als eine Art Vorburg. Die Burg überlebte über Jahrhunderte alle Erbstreitigkeiten und Kriegswirren und wurde erst 1690 im Pfälzischen Erbfolgekrieg zerstört. Die Altstadt von Neuleiningen bietet mit ihren engen Gassen und Treppenwegen und ihren Fachwerkhäusern noch heute das reizvolle geschlossene Bild eines mittelalterlichen Städtchens.

Rast auf dem Weinsteig bei Neuleiningen.

Pfälzer Weinsteig

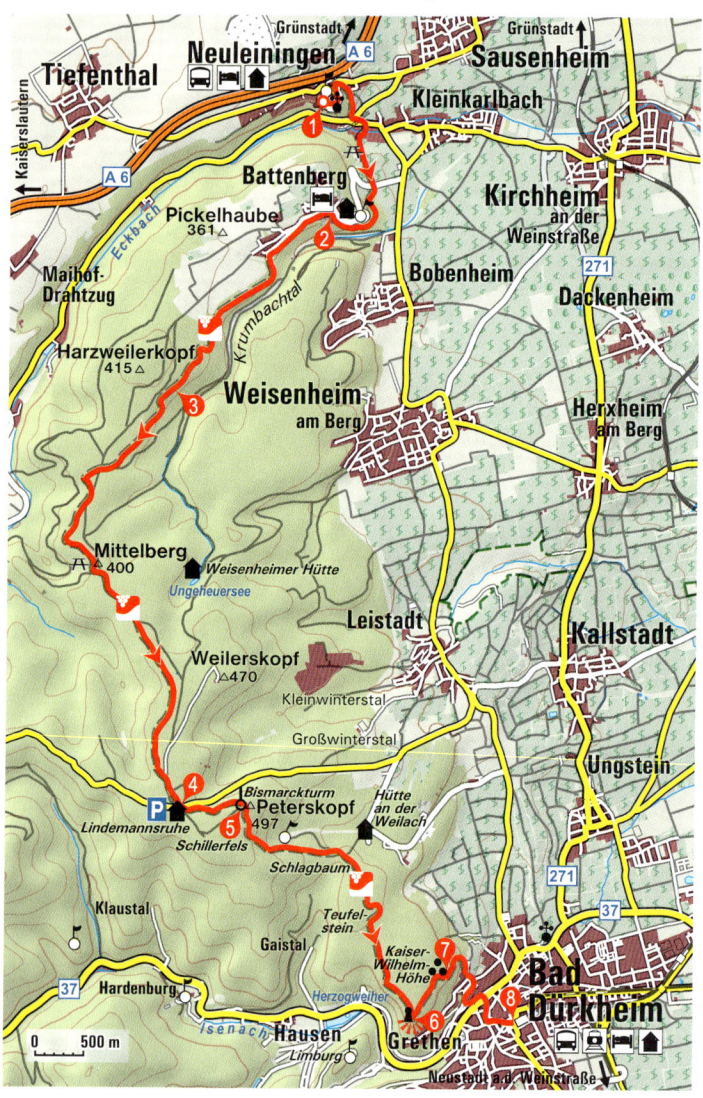

Pfälzer Weinsteig

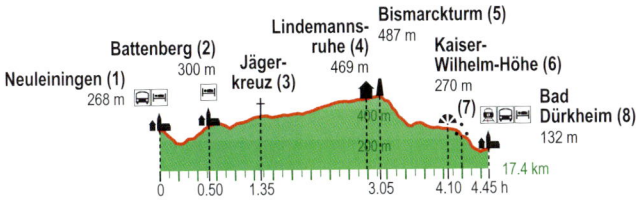

Wir beginnen unsere Wanderung auf dem Pfälzer Weinsteig an der Burgruine bzw. der Kirche von **Neuleiningen (1)**. Ein Treppenweg führt zur Mittelgasse hinab, der wir nach links folgen, bis wir am Hotel Zum Burggrafen die Straße mit dem Traubensymbol des Wanderweges Deutsche Weinstraße nach rechts bis vor die Friedhofskapelle verlassen. Dort steigt rechts eine Treppe zu einem Grasweg ab, der am Rande der Weinberge den Burgberg östlich umläuft und auf die L 520 trifft. Diese begleitet uns nach links bis unter die Bahnüberführung. Rechts gelangen wir über einen Lagerplatz in die Weinberge (Rastplatz unter einem nachgepflanzten Kirschbaum). Etwa 50 m nachdem wir die nach Battenberg (und zu unechten Blitzröhren) hinaufführende Straße gequert haben, wenden wir uns vor einer Kirschbaumanlage zum Wald. Durch Wald und Sukzessionsflächen, auf denen sich die Natur Kulturland zurückerobert, umgehen wir auf schmalem Weg auch den Burgberg von Battenberg zur Hälfte. Nachdem wir in den Ort eingetreten sind, bietet sich uns die Gelegenheit, nach 200 m zur Burgruine Battenberg zu gelangen (die Burg wurde wohl zur gleichen Zeit wie die Burg Neuleiningen von den Grafen von Leiningen errichtet; Gutsschänke, Aussicht).

In **Battenberg (2)**, 300 m (45 Min., Einkehr), wandern wir auf der Hauptstraße nach links. Nach ca. 500 m biegen wir links in die Waldstraße ab. Fast an ihrem Ende steigen wir links kurz ab und folgen dann einem Waldpfad, der ohne große Höhenunterschiede durch den oberen Hang und an der Hangkante des Krumbachtals entlangzieht. Nach ca. 15 Min. auf dem Pfad biegt der Weinsteig rechts ab, um auf einem parallel verlaufenden Weg am **Jägerkreuz (3)** vorbeizuziehen und wieder auf die verlassene Trasse zurückzukehren. Gut 30 Min. danach treffen wir auf zwei Bänke mit Aussicht. Wenig später gehen wir an einem Rastplatz (markiert mit blauem Strich und grünem Kreuz) links-rechts. Etwa 5 Min. später verlässt das grüne Kreuz unseren breiten Weg hinab zum Ungeheuersee. Bald danach biegen wir rechts auf einen schmaleren Waldweg ein, dem wir folgen, bis uns ein Kiesweg nach links aufnimmt. Etwa 15 m bevor wir auf einen breiten Schotterweg stoßen, wandern wir rechts über einen Pfad zum Parkplatz und geradeaus zum **Forsthaus Lindemannsruhe (4)**, 469 m (50 Min., Einkehr).

An der östlichen Seite des Forsthauses bringt uns ein Waldpfad in leichtem Anstieg bald zu einem Weg und in ca. 15 Min. zum **Bismarckturm (5)**,

Pfälzer Weinsteig

487 m (an Wochenenden Besteigungsmöglichkeit und Imbiss). Der Abstieg erfolgt nach Süden. Oberhalb des Geiersbrunnens wenden wir uns links hinab und kommen über einen halb zerstörten Weg zur Wegspinne Schlagbaum, 291 m (40 Min. ab Lindemannsruhe, Rastplätze; ehemalige Wegzollstelle). Streckenweise über Schotter erreichen wir den **Teufelsstein**, 316 m (Rastplatz), bei dem es sich um einen germanischen Kultplatz handeln soll. Nach wenigen Metern in Gehrichtung geradeaus beschreiben wir einen scharfen Rechtsbogen abwärts. Bald stoßen wir auf den Keltischen Ringwall, eine eingestürzte Trockenmauer, an der wir ca. 500 m entlangwandern. Zwischendurch kann man scharf rechts nach 80 m zu einem Aussichtspunkt gelangen. Die gleiche Aussicht auf das Isenachtal und die Klosterruine Limburg bietet sich aber auch wenige Minuten später von der **Kaiser-Wilhelm-Höhe (6)**, 270 m (35 Min., Schutzhöhle und Rastplatz an der Südseite), die aus Anlass des 90. Geburtstags von Kaiser Wilhelm I. gestaltet wurde.

Wir folgen dem Hinweisschild »Kriemhildenstuhl« und erreichen in wenigen Minuten eine Schutzhütte über dem römischen Steinbruch, ca. 280 m (grandiose Aussicht auf Bad Dürkheim und die Oberrheinebene). Ein schmaler Weg windet sich hinab zum Fuß des Steinbruchs **Kriemhildenstuhl (7)**.

*Den heute unter Denkmalschutz stehenden Steinbruch **Kriemhildenstuhl** nutzte die 22. Römische Legion im 3. Jh. n. Chr. zur Gewinnung von Sandsteinquadern für ihre Bauten. Dieser helle, entfärbte Buntsandstein, der besonders an der Bruchkante des Oberrheingrabens vorkommt, ist wegen seiner Farbe, gleichmäßigen Körnung und seiner Festigkeit noch heute als Werkstein beliebt. Die Felswände enthalten zahlreiche römische Felsbilder, die mit roten Pfeilen markiert sind. Schautafeln klären über die Geologie, den Steinbruch und die Abbautechnik der Römer auf.*

Wir verlassen den Steinbruch in Gehrichtung nach links (Norden) und passieren sogleich eine aus Sandstein errichtete gewölbte Nische mit einem Sandsteintisch. Ab der Schäferwarte (Aussicht) läuft ein Pfad hinab durch Wald, dann über viele Stufen durch Gärten bis zu einem Rastplatz an einer Trafostation. Weiter abwärts rechts durch die Vigilienstraße und den Treppenweg zur Weinstube Keschdedell, die Gartenstraße, die Fußgängerunterführung unter der B 37 und durch das Gerberhaus. Dort läuft der Weinsteig geradeaus bergauf, wo uns die Querstraße nach links zum Römerplatz ins Zentrum (und weiter zum Bahnhof) von **Bad Dürkheim (8)** bringt, 132 m (40 Min., Einkehr und Übernachtung).

*Das etwa 19.000 Einwohner zählende **Bad Dürkheim**, am Übergang des Pfälzerwaldes in die Rheinebene gelegen, gründet seine Kureigenschaft auf Solequellen. An dem nach einem Brand neu aufgebauten längsten Gradierwerk Deutschlands*

Pfälzer Weinsteig

*kann man mitten im Binnenland Meeresluft inhalieren. Die Stadt bietet weitere Superlative: Das 1,7 Millionen Liter fassende größte Weinfass der Welt war nie zur Lagerung von Wein vorgesehen, es beherbergt ein Restaurant. Hier findet jedes Jahr Mitte September mit dem **Dürkheimer Wurstmarkt** das größte Weinfest der Welt statt. Schon die Römer kultivierten hier Wein, wie die Ausgrabung des römischen Weingutes Weilberg im Ortsteil Ungstein beweist.*

Trotz eines schweren, im Zuge des Vormarsches der alliierten Truppen durch das Isenachtal Richtung Rhein vorgetragenen Luftangriffes am Ende des Zweiten Weltkrieges bietet der Stadtkern heute wieder einen harmonischen Eindruck, der durch Kuranlagen und Kurpark angenehm ergänzt wird.

*Die exponiert hoch über dem Isenachtal liegende Ruine der dreischiffigen romanischen Basilika der ehemaligen **Abtei Limburg** beeindruckt noch heute durch ihre romantische Ausstrahlung. Kaiser Konrad hatte das Benediktinerkloster zu Beginn des 11. Jh. errichten lassen. Im Jahre 1504 brandschatzten es die Leininger Grafen. Von da an diente es als Steinbruch.*

*Nur 2 km westlich der Limburg ragen über einer Engstelle des Isenachtals die Ruinen der **Hardenburg** empor. Die mittelalterliche Burg wurde Anfang des 13. Jh. von den Leininger Grafen errichtet und beherrschte den wichtigen Handelsweg von Lothringen zum Rhein. Zu Beginn des 16. Jh. entstand eine Renaissance-Anlage, die zugleich Festung und Residenz derer von Leiningen-Hardenburg war. Die Anlage wurde 1692 im Pfälzischen Erbfolgekrieg und endgültig 1794 durch die französische Revolutionsarmee zerstört. In jüngster Zeit wurde der Renaissancegarten rekonstruiert.*

Römischer Steinbruch Kriemhildenstuhl.

Pfälzer Weinsteig

WS3 Von Bad Dürkheim nach Deidesheim

4.00 Std.
14,7 km

Über drei Berge ins Reich der großen Weingüter

Wir wandern im Auf und Ab durch den Wald oberhalb der besten Weinlagen der Pfalz.

Ausgangspunkt: Bad Dürkheim, Bahnhof, 132 m. Erreichbar mit ÖPNV: Halbstundentakt auf der Bahnstrecke Neustadt–Grünstadt oder Rhein-Haardt-Bahn ab Ludwigshafen. Mit dem Auto: A 61/AK Ludwigshafen über die B 37 oder die B 271 zwischen A 6/AS Grünstadt und A 65/AS Deidesheim, Parken auf dem Wurstmarktgelände.
Endpunkt: Deidesheim, 116 m. Rückfahrt mit dem Zug nach Bad Dürkheim im Halbstundentakt. Mit dem Auto (Parken am Bahnhof) über L 516 oder B 271.
Höhenunterschied: Aufstieg ingesamt ca. 480 m, Abstieg 500 m.
Anforderungen: Mittelgebirgswanderung mit einigen steilen Auf- und Abstiegen.
Einkehr: Bad Dürkheim; Seebach (empfehlenswerte historische Weinstube Käsbüro, Tel. 06322/680963, täglich außer Di ab 17 Uhr, So ab 12 Uhr); Campingplatz im Burgtal; Wachtenburg (tolle Aussicht von der Hütte und schöne Freisitze, Mai-Okt. Mi–So, Nov.–April Mi, Fr–So, Tel. 06322/64656). Eine Vielzahl guter Restaurants und Weinstuben in Deidesheim (Vorwahl 06326): Deidesheimer Hof, Restaurant St. Urban (kein Ruhetag, 11–23 Uhr, Tel. 96870); Schloss Deidesheim (am Schlossgarten mit lauschiger Terrasse, 1.4.–31.10. täglich ab 17 Uhr, Sa/So ab 12 Uhr, 31.12.+März Fr ab 17 Uhr, Sa/So ab 12 Uhr, Tel. 96690); Rest. Leopold im Weingut von Winning (Tel. 9668888, www.von-winning.de, leopold@von-winning.de, Mo–Fr 12–14 und 18–21, Sa/So/fei bis 21 Uhr); Rest. fumi (Tel. 7001210, www.josef-biffar.de, Mi–So 18–22, Sa/So auch 12–15, Mo/Di Ruhetag, nur mit Reservierung, Besonderheit Japan-Menü); »Zum Alten Spital« (Do/Fr ab 17 Uhr, Sa/So ab 16 Uhr, Tel. 8143); Kirchenstübl (Di/Mi Ruhetag, ab 17 Uhr, Sa ab 16 Uhr, So ab 11.30 Uhr, die besten Bratkartoffeln in der Pfalz, Tel. 8268); Turmstüb'l (Mo Ruhetag, ab 18 Uhr, So ab 12 Uhr, Tel. 981081); Café Ritter von Böhl, Tel. 972201.
Unterkunft: Bad Dürkheim siehe WS 2. **Wachenheim** (Vorwahl 06322): Kat. IV: HR Goldbächel (www.goldbaechel.de, Tel. 94050). Kat. III: P Rieslinghof (www.rieslinghof.com, Tel. 9898920); P Alt-

Zentrum Bad Dürkheim.

Wurstmarktbrunnen.

stadt-Residenz (www.altstadt-residenz.de, Tel. 62007). **Camping im Burgtal:** www.wachenheim.de, Tel. 06322/2689. **Deidesheim** (Vorwahl 06326): Luxus: HR Deidesheimer Hof (www.deidesheimer-hof.de, Tel. 96870); Kaisergarten Hotel & Spa (www.kaisergarten-deidesheim.com, Tel. 700077). Kat. IV-V: HR MAXX by Steigenberger (Tel. 9700, www.deidesheim.steigenberger.de). Kat. III-IV: P Gästehaus Hebinger am Schlosspark (www.weingut-hebinger.de, Tel. 965270); P Gästehaus Deidesheim (www.gd-hotel.de, Tel. 96700). Kat. III: Hg Ritter von Böhl (www.ritter-von-boehl.de, Tel. 972201).

Information: Tourist-Information Bad Dürkheim siehe WS 2. Tourist-Information Wachenheim (Weinstraße 15, 67157 Wachenheim, www.wachenheim.de, touristinfo@vg-wachenheim.de, Tel. 06322/9580801). Tourist Service GmbH Deidesheim (Bahnhofstr. 5, 67146 Deidesheim, www.deidesheim.de, touristinfo@deidesheim.de, Tel. 06326/96770).

Tipps: Deidesheim: Museum für Weinkultur und Portal Biosphärenreservat Pfälzerwald-Nordvogesen im historischen Rathaus (März–Dezember Mi–So und feiertags 15–18 Uhr, Januar/Februar geschlossen); Geißbockversteigerung an Pfingstdienstag; eines der schönsten Weinfeste der Pfalz an zwei Wochenenden Mitte August von Fr–Di; Schönster Weihnachtsmarkt an der Weinstraße Fr–So an den Advents-Wochenenden.

Weitere empfehlenswerte **Weinfeste** in der Nähe: Hansel-Fingerhut-Fest in Forst (Sonntag Lätare, drei Wochen vor Ostern); Niederkirchen (letztes Juni-Wochenende); Forst (erstes August-Wochenende); Ruppertsberg (letztes August-Wochenende).

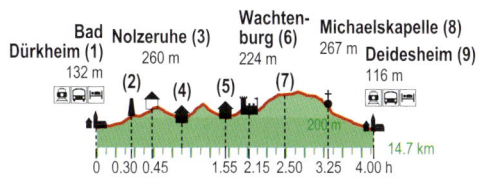

An der Wachtenburg.

Vom Hauptportal des Bahnhofs in **Bad Dürkheim (1)**, 132 m, wandern wir zum Wurstmarktbrunnen und zum Denkmal für Gefallene vor. Nach links kommen wir durch die Mannheimer Straße sogleich in die Fußgängerzone, die einen angenehmen Aufenthalt bietet. Dadurch sollten wir uns aber von der Wanderung nicht abhalten lassen. Am Römerplatz wenden wir uns nach links (Süden). Bald sind wir Lärm und Abgasen der viel befahrenen Weinstraße ausgesetzt, bis wir an der mächtigen Kastanie und dem Erfrischung spendenden Brunnen des Amtsplatzes nach rechts ausweichen können. Wir folgen nun der Wegweisung »Flaggenturm« wenige Meter durch die Seebacher Straße, dann der Straße Schenkenböhl mit ihren schönen Häusern

Pfälzer Weinsteig

und Gärten, bevor es in die Weinberge geht. Dort führt rechts ein Betonweg Richtung Flaggenturm, dessen Spitze bereits sichtbar ist. Über eine kurze, enge Sandsteintreppe und einen schmalen Pfad entlang einer Weinbergmauer und schließlich kurz nach rechts erreichen wir den Wegweiser »Flaggenturm«, 215 m (35 Min., Rast im Turm). Der kurze Abstecher zum **Flaggenturm (2)** mit seiner grandiosen Aussicht auf den Oberrheingraben und dessen Gebirgsumrahmung sowie Blicke auf die Limburg, den römischen Steinbruch Kriemhildenstuhl und bis zum Bismarckturm (WS 1) ist sehr lohnend. Vom Wegweiser gehen wir auf einem Schotterweg Richtung Wald bis zu einer Kreuzung von Asphalt- und Pflastersteinwegen. Hier werden wir nach links hinauf gelenkt und kommen schließlich durch ein Villenviertel. Am Wendehammer führt uns ein Pfad nach links in den Wald und nach etwa 80 m zur **Nolzeruhe (3**, offene Schutzhütte). Von dort geht es auf einem Schotterpfad zum Straus-Platz (Rastplatz, Aussicht). In einer langen Kehre leitet der Pfad sanft ins **Poppental (4)** und zu einem Rastplatz hinab, 169 m (45 Min., wenige Schritte links einfache Einkehr im Schützenhaus).
Wir durchqueren den Rastplatz und steigen in einem kleinen Seitental auf einem breiten Schotterweg auf. Ca. 80 m nach einer Wegverzweigung werden wir links aufwärts in einen Waldpfad gelenkt. An dessen Ende begehen wir nur kurz einen Schotterweg, um rechts in einen schönen Pfad einzubiegen, der uns über einen Bergrücken und zu einem Schotterweg hinab in das **Burgtal (5)** von Wachenheim führt. Wir queren die Straße, gehen hinter dem Campingplatz, 195 m (Einkehrmöglichkeit), entlang und folgen den Hinweisschildern zur **Wachtenburg (6)** hinauf, 224 m (65 Min., tolle Aussicht, Einkehr, Turmbesteigung möglich; es kann nach Wachenheim – Einkehr- und Übernachtungsmöglichkeiten – abgestiegen werden).

*Die **Wachtenburg** wurde vermutlich im 12. Jh. erbaut und bereits im Jahre 1470 durch Kurfürst Friedrich I. zerstört. Heute kümmert sich ein Burgbauverein liebevoll um die Ruine, deren 1689 gesprengter und zur Hälfte noch erhaltener Bergfried das Panorama beherrscht. Das zu Füßen der Burg liegende Städtchen **Wachenheim** wurde 766 erstmals urkundlich erwähnt. Östlich der Stadt an der B 271 ist eine römische Villa Rustica frei zugänglich. Die von Adelshöfen geprägte Altstadt ist noch teilweise von einer Stadtmauer umgürtet. Das renommierte Weingut Bürklin-Wolf besitzt umfangreiche Liegenschaften. Die historischen Gebäude der Sektkellerei Schloss Wachenheim (Betriebsführungen, Sektproben, Musikaufführungen) finden sich neben der Simultankirche St. Georg.*
*Im **Wachenheimer Tal** bietet der Kurpfalzpark mit Wildgehegen, Sommerrodelbahn, Riesenrutschen und Abenteuerspielplatz Freizeitvergnügen für Familien mit Kindern (Mai–Okt., www.kurpfalzpark.de, Tel. 06325/959 00).*
*Das Burg- und Weinfest findet in **Wachenheim** an zwei Wochenenden Mitte Juni statt. Den besten Saumagen weit und breit gibt es bei Metzger Hambel.*

Pfälzer Weinsteig

An der Bergseite der Burg steigen wir kurz über Stufen, dann auf einem geradlinigen, mit rotem Punkt und rotem Dreieck markierten Weg auf. Nach einem Versatz führen federnde schmale Waldwege und -pfade zur Wegspinne an der **Grünen Bank (7)**, 352 m (30 Min.). Wir folgen weiter dem roten Punkt (und auch dem weiß-roten Strich). Es geht nach links hinab Richtung Margarethental mit seinen beiden durch Basaltabbau entstandenen Seen (schöner Säulenbasalt des im Tertiär mit dem Grabenbruch entstandenen Vulkans Pechsteinkopf).

Bereits nach ca. 120 m biegen wir rechts ab und gelangen über einen Rücken zu den Heidenlöchern, einer Fluchtburg aus karolingischer Zeit, durch die wir hindurchgeführt werden. In einem Linksbogen folgen wir einem Waldweg und dann einem leicht zu übersehenden, scharf rechts und schließlich steil zur **Michaelskapelle (8)**, 267 m (35 Min.), hinableitenden Waldpfad. Hier bietet sich ein weiter Blick über das Rebenmeer mit den besten Weinlagen der Pfalz auf den Gemarkungen Wachenheim, Forst und Deidesheim.

Rathaus in Deidesheim.

Marktplatz in Deidesheim.

An der Südseite der Kapelle gehen wir in Kehren hinab in das Sensental mit seinem kleinen Bach. Nach Passieren eines Wanderparkplatzes führen uns Betonwege durch die Weinberge. Durch die Straße Kaisergarten erreichen wir am Weingut Dr. Deinhard / von Winning den Ortskern von **Deidesheim (9)**. Geradeaus geht es zum Bahnhof, rechts durch die Hauptstraße zu Marktplatz und historischem Rathaus, ca. 116 m (30 Min., zahlreiche Einkehrmöglichkeiten).

> *Dem Städtchen **Deidesheim** gebührt die Krone unter den Orten entlang der Deutschen Weinstraße. Es war früher Verwaltungssitz und Sommerresidenz der Bischöfe von Speyer. Die mittelalterliche Wasserburg wurde im Pfälzischen Erbfolgekrieg zerstört. Im ehemaligen Wassergraben befindet sich heute der kleine Schlosspark mit zum Teil exotischen Pflanzen. In den Turm wird alle zwei Jahre ein Schriftsteller eingeladen, um über Deidesheim zu schreiben.*
> *Der Marktplatz besteht aus einem sehenswerten Ensemble aus barockem Rathaus, Deidesheimer Hof, dem Restaurant Zur Kanne (dem ältesten der Pfalz) und einigen Weingütern. Angenehmen Aufenthalt bietet der Hof des Bürgerhospitals aus dem 15. Jh. mit dem Café Alt Deidesheim. Weingüter, vor allem die großen Betriebe Bassermann-Jordan mit dem Ketschauer Hof, Buhl und Dr. Deinhard/von Winning, beherrschen den Ort. Einen beschaulichen Rundgang sollte man nicht versäumen.*

Pfälzer Weinsteig

Von Deidesheim nach Neustadt an der Weinstraße

5.15 Std.
19,1 km

Die Krönungsstadt der Deutschen Weinkönigin gibt sich die Ehre

Nach kurzem Ausflug ins Rebenmeer kehren wir in den Wald zurück und überschreiten das 554 m hohe Weinbiet hinab nach Neustadt an der Weinstraße, eine der größten Weinbau treibenden Gemeinden Deutschlands.

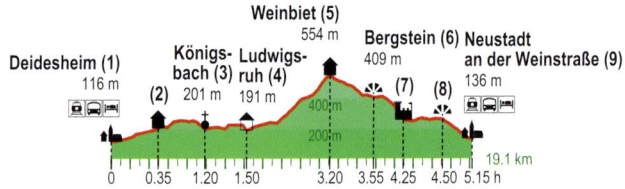

Ausgangspunkt: Deidesheim, Rathaus, 116 m. Erreichbar mit ÖPNV: Bahnstrecke Neustadt–Bad Dürkheim im Halbstundentakt. Mit dem Auto: A 65/AS Deidesheim, Parken am Bahnhof.
Endpunkt: Neustadt an der Weinstraße, 136 m. Rückfahrt mit dem Zug im Halbstundentakt. Mit dem Auto (Parken auf der Festwiese) über L 516.
Höhenunterschied: Aufstieg 630 m, Abstieg 610 m.
Anforderungen: Relativ anstrengende Tour mit 300 m steilerem Aufstieg auf das Weinbiet.
Einkehr: Deidesheim: Pfalzblick (Mi–So/feiertags ab 11 Uhr); Gimmeldingen, Gimmeldinger Tal: Talmühle (Mo/Di Ruhetag); Looganlage; Forsthaus Benjental (Do/Fr Ruhetag); Weinbiethaus (Fr Ruhetag, Tel. 06321/32596); Neustadt-Haardt, Neustadt-Zentrum: am Marktplatz und in den Altstadtgassen, z. B. Scheffelhaus, »Das Esszimmer« (gehobene Küche, Tel. 06321/354996); »Zur Herberge« (Weinstube alten Stils, gute Weine, So Ruhetag); Gerberhaus (Di/Mi Ruhetag, Mo–Fr 17–22 Uhr, Sa/so 11–22 Uhr, Tel. 8996151). NW-Mußbach: Eselsburg (außergewöhnlich! Weinstube/Galerie/ blühender Garten des verstorbenen bildenden Künstlers Fritz Wiedemann, Mo–Fr ab 17 Uhr, Tel. 66984).
Unterkunft: Deidesheim siehe WS 3. **Neustadt** (Vorwahl 06321): **NW-Kernstadt:** Kat. IV: HR ACHAT Premium (Tel. 8980). Kat. III: HR Panorama (www.pr-hotel.de, Tel. 39920). Kat. III: HR Steinhäuser Hof (Tel. 489060). Pfalz-JH (www.diejugendherbergen.de, Tel. 2289). **NW-Gimmeldingen:** Kat. III-IV: H Netts Restaurant-Landhaus (www.nettsrestaurant.de, Tel. 60175); HG Weingut und Weinhotel Mugler (www.weingut-mugler.de, Tel. 66062). Kat. II: P Reber (Tel. 96360). **NW-Haardt:** Kat. IV: Hg Tenner (www.hotel-tenner.de, Tel. 9660); HR Mandelhof (www.mandelhof.de, Tel. 88220); HR Spinne (www.restaurant-spinne.de, Tel. 9597799). **NW-Mußbach:** Kat. III: P Weingut Völker (www.weingut-voelker.de, Tel. 66050); P Weingut Hellmer (www.gaestehaus-hellmer.de, Tel. 968920); P Alter Winzerhof (www.alterwinzerhof.de, Tel. 69503); P Klohrer Winzerhof (www.weingut-klohr.de, Tel. 66439). **NW-Hambach/Diedesfeld:** Kat. II-III: P Gästehaus Rebstöckel (www.gaestehaus-rebstoeckel-pfalz.de, Tel. 0171/9555995);

Pfälzer Weinsteig

GR Jägerstübchen (www.landgasthof-jaegerstuebchen.de, Tel. 2544); P Weingut Helbighof (www.weingut-helbighof.de, Tel. 32781); HR Burgschänke Rittersberg (www.hotel-rittersberg.de, Tel. 86250); P Andergasser Stubb (www.andergasser-stubb.de, Tel. 86670); P Haus an der Weinstraßenmitte (Tel. 81995). Da von Neustadt die Etappen WS 1–5 und 8–10 mit ÖPNV gut zu erreichen sind, bieten sich die individuell gestalteten Ferienwohnungen in der sanierten Altstadt bzw. in den Winzerhöfen (überwiegend in den Ortsteilen) als Standquartier an (www.neustadt.pfalz.com, Tel. 06321/9268-0 oder www.ifg-neustadt.de).

Information: Tourist-Service GmbH Deidesheim siehe WS 3. Tourist-Information Neustadt an der Weinstraße (Hetzelplatz 1, 67433 Neustadt, www.neustadt.pfalz.com, touristinfo@neustadt.pfalz.com, Tel. 06321/926892).

Tipps: Neustadt: Wein probieren u. a. im Haus des Weines in der Rathausstraße; Fahrt mit dem Historischen Dampfzug Kuckucksbähnel in das Elmsteiner Tal (Ostern bis Mitte Oktober und im Dezember, www.eisenbahnmuseum-neustadt.de, Tel. 06321/30390); Besuch des Hambacher Schlosses (www.hambacher-schloss.de).

Weinfeste: Mandelblütenfest in Gimmeldingen Feb./März variabel entsprechend Mandelblüte; Andergasserfest in Hambach um den 1. Mai; Haardter Weinfest Ende Mai/Anfang Juni; Loblocher Weinzehnt (Gimmeldingen) über Pfingsten; Eselshautfest am ersten und zweiten Wochenende im Juli; Weinkerwe am ersten Wochenende im August in Mußbach; Hambacher Jakobuskerwe am letzten Wochenende im Juli; Diedesfelder Weinkerwe am dritten Wochenende im August; Haardter Woi- und Quetschekuche-Kerwe am ersten September-Wochenende; Deutsches Weinlesefest Anfang Oktober.

Kirchturm in Königsbach am Weinsteig.

Steinerner Hirsch.

In **Deidesheim (1)** starten wir an der Südseite des Rathauses durch die Heumarktstraße und vorbei am Luxushotel Ketschauer Hof. Am Beginn der Feigenallee der Deichelgasse (Alternativroute) folgen wir einem kleinen Versatz rechts-links und dann der Schwimmbadstraße in die Weinberge. Am Schwimmbad Paradiesgarten führt der Weinsteig über einen Steg und folgt einem Schotterweg. Solange dieser weder gewalzt noch mit Feinkies abgedeckt ist, bleibt man besser auf dem Beton-, später Teerweg entlang des Gerinnes. Nachdem wir einen winzigen Rastplatz und einen Wasserhochbehälter von 1898 passiert haben, biegen wir an einem von Eiben eingerahmten Marterl scharf links auf einen Betonweg ein. Anschließend gehen wir parallel zum Waldrand durch Weinberge und über das Zugangssträßchen hinauf zum **Pfalzblick (2)**, 205 m (40 Min., Einkehr, Blick über das Rebenmeer).

Ein schmaler Weg führt durch den bewaldeten Hang und anschließend an einer Sandsteinmauer über den Weinbergen entlang. Am Ende der Mauer steigen wir, begleitet von gelbem Sandstein, im Eichenwald auf. Weit im Süden können wir bereits das Hambacher Schloss erkennen. Im Südhang wandern wir durch Kiefernwald sanft abwärts, umgehen die Klausenkapelle im Linksbogen und folgen zunächst einem breiten Weg aufwärts. Über Waldwege gewinnen wir einen Pfad, der schließlich in Kehren und teilweise über Stufen steil zur Kirche von **Königsbach (3)**, 201 m, hinabführt (45 Min.). Dort folgen wir sogleich einem Pfad mit der Wegweisung »Gimmeldingen« (roter Strich), dann geht es rechts-links durch die Stabenbergstraße mit Blick auf den Ort und anschließend links-rechts durch den Fürstenweg. Wo diese Straße nur einseitig bebaut ist, erblicken wir einen Pavillon, der Anfang März in einem Meer aus Mandelblüten steht. Hier wollte Ludwig I. von Bayern ursprünglich seine pfälzische Residenz bauen. Da die Winzer ihre Weinberge aber nicht verkaufen wollten, ließ er die Villa Ludwigshöhe oberhalb von Edenkoben errichten (siehe Etappe WS 5).

Geradeaus geht es zum schönen Weindorf Gimmeldingen mit Einkehrmöglichkeiten (Gimmeldinger Winzer; bereits ab 11.30 Uhr, Mo/Di Ruhetage). Der Weinsteig biegt jedoch (Achtung!) vor dem roten Haus Fürstenweg Nr. 11 zum Wald hin ab. Wir steigen zum Aussichtspavillon **Meerspinnblick**, ca. 260 m, hinauf (25 Min., Blick bis zum Hambacher Schloss). Ein Pfad läuft in sanftem Gefälle, zuletzt in einer langen Kehre in das Gimmeldinger Tal hinab. Am überdachten Rastplatz **Ludwigsruh (4)** treffen wir auf den Weg in

Pfälzer Weinsteig

das Gimmeldinger Tal hinein (die Markierung »weiß-roter Strich« führt von hier aus 2 Std. kürzer auf schöner Variante nach Neustadt). Am Bach entlang aufwärts passieren wir die drei Einkehrmöglichkeiten Talmühle, Looganlage und das **Forsthaus Benjental**, 237 m (35 Min.).

Vom Forsthaus steigen wir zum Weinbiet auf: Zunächst geht es Bach und Straße querend in Kehren, dann auf langem Pfad im steilen Hang aufwärts. Der Hang ist von Felsen durchsetzt, von denen einer wie ein Hai aussieht. Drei Richtungsänderungen in spitzem Winkel verlangen etwas Aufmerksamkeit, bevor wir mit nachlassender Steigung den Gipfel des **Weinbiets (5)**, 554 m, erreichen (50 Min., Funkturm, Aussichtsturm, PWV Weinbiethaus, Einkehr).

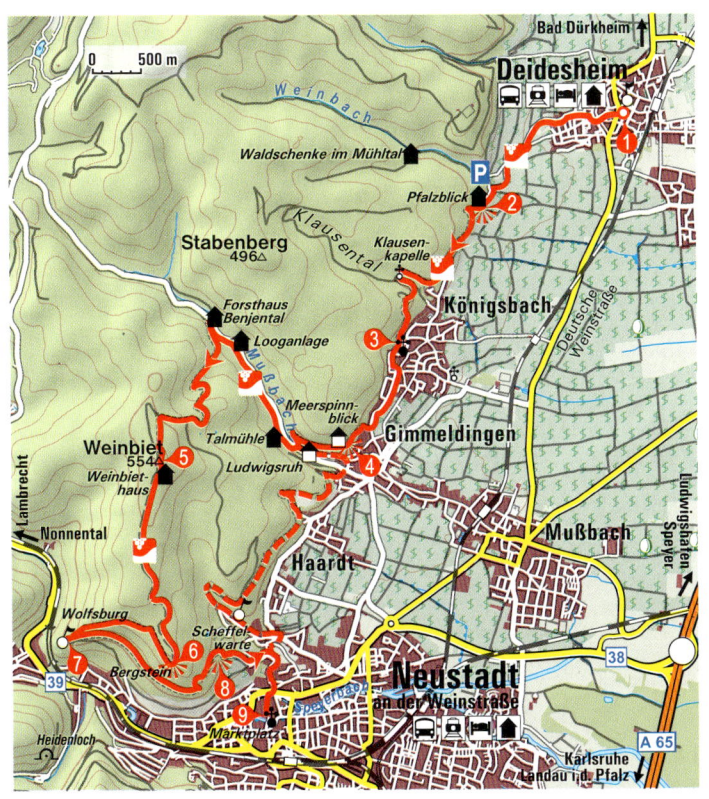

Pfälzer Weinsteig

Der Weinsteig nutzt weiterhin den Wanderweg mit rotem Punkt, nun nach Süden durch Kiefernwald absteigend. Nach etwa 20 Min. passieren wir die Sandsteinskulptur des Steinernen Hirsch rechts am Weg. Wenig später wenden wir uns am breiten Querweg nach rechts bis zu einer Wegspinne (Rettungspunkt -937, Bank). Hier beginnt die Schleife (ca. 15 Min. Gehzeit) zum **Bergstein (6)** zunächst links über einen breiten Waldweg, zuletzt über einen Pfad durch Eichen-Buchen-Wald (Aussicht; über den Pfad Nr. 2 kann direkt nach Neustadt abgestiegen werden). Parallel zur Hangkante läuft ein Pfad zurück bis etwa 60 m westlich des Rettungspunktes -937. Mit dem roten Punkt neigt sich der Weinsteig im kiefernbestandenen Hang, kreuzt den Wanderweg mit blau-weißer Markierung und steigt über den mit Felstürmen besetzten Bergrücken des Hohbergs zur **Ruine Wolfsburg (7)**, 260 m, ab (60 Min. ab Weinbiet, Aussicht).

*Die auf einer Felsrippe etwa 140 m über dem Talgrund des Speyerbachs erbaute **Wolfsburg** diente sowohl der Sicherung der Straße nach Kaiserslautern als auch dem Schutz der neuen Stadt (Neustadt). Die 1255 erstmals erwähnte Burg war zunächst Lehen des Bistums Speyer und später in kurpfälzischem Besitz. Sie wurde im Bauernkrieg 1525 erstürmt und geplündert. Im Laufe des Dreißigjährigen Krieges wurde sie 1635 von kaiserlichen Truppen zerstört und dem Verfall preisgegeben. Die Ruine wurde in jüngster Zeit durch einen Verein gesichert. An Wochenenden findet – wenn die Fahne weht – eine einfache Bewirtung statt.*

Unsere Wanderung führt vom Haupteingang der Burg hinab zum Wolfsbrunnen und dort links in einen Waldweg. Nach etwa 20 Min. will uns die Weinsteigmarkierung noch nicht mit dem roten Punkt nach Neustadt führen, sondern steigt stattdessen auf einem Pfad in Kehren auf, an der Ruine der ehemaligen Josephskapelle wieder ab und leitet uns zur **Scheffelwarte (8)**. Von dort geht es im Zickzack zuletzt auf altem Sandsteinpflaster aus dem Wald in die Weinberge oberhalb der Stadt. Kurz durch die kleine Parkanlage der Dr.-Welsch-Terrasse mit ihren exotischen Mammutbäumen, Zedern und Araukarien oder – abkürzend – direkt den Kübelweg hinab bis zu einer Platane. Von dort steigen wir über den Haardter Treppenweg in das Zentrum von **Neustadt an der Weinstraße (9)**, 136 m, hinunter (60 Min. ab Wolfsburg, Marktplatz, Besichtigung, Einkehr, Übernachtung, Bahnhof).

***Neustadt** – der Zusatz »**an der Weinstraße**« schafft Klarheit, um welches der vielen Neustadts es sich handelt und wie die Stadt landschaftlich und touristisch einzuordnen ist – ist die Verwaltungshauptstadt der Pfalz. Bis zur Auflösung der Regierungsbezirke in Rheinland-Pfalz zu Beginn dieses Jahrtausends war sie Sitz der Bezirksregierung Rheinhessen-Pfalz, obwohl die Kernstadt nur etwa 30.000 Einwohner aufweist; zusammen mit den eingemeindeten neun Weindörfern sind*

Pfälzer Weinsteig

es lediglich rund 53.000. Wenn auch die Bedeutung als Verwaltungsstadt schwindet, so ist die Stellung Neustadts im Weinbau unbestritten. Sie ist Krönungsort der Pfälzischen und der Deutschen Weinkönigin. Mit Landau steht die Stadt im Wettstreit um die größte weinbautreibende Gemeinde Deutschlands.

Die neue Stadt wurde vermutlich zu Beginn des 13. Jh. neben dem älteren Ort und heutigen Stadtteil Winzingen und unterhalb der den Talausgang bewachenden Burg Winzingen gegründet. Im Dreißigjährigen Krieg wurde die Stadt praktisch dem Erdboden gleich gemacht. Im Pfälzischen Erbfolgekrieg entging Neustadt allerdings dem Schicksal aller übrigen Städte, Dörfer und Burgen links des Rheins: Die Liebesbeziehung der Neustadter Bürgerstochter Kunigunde Kirchner zu einem französischen Offizier soll die Stadt vor der Zerstörung bewahrt haben.

Es ist lohnend, durch die Altstadt zu schlendern, über den Marktplatz mit Rathaus, Stiftskirche und Bürgerhäusern, durch die engen Gassen mit ihren zum Teil noch aus dem Mittelalter stammenden Fachwerkhäusern zu streifen. Es ist ein Spaß, am Elwetritschebrunnen des Neustadter Künstlers Gernot Rumpf zu verweilen, und es ist Pflicht, den Wein zu probieren. Zweistündige Stadtführungen und Nachtwächterführungen werden ebenso angeboten wie Weinproben und Weinseminare.

Blick auf Neustadt.

Pfälzer Weinsteig

Von Neustadt an der Weinstraße nach St. Martin

6.15 Std.
21,2 km

»Hinauf, hinauf zum Schloss!«

Waldreiche Wanderung über die Kalmit, den höchsten Gipfel des Pfälzerwaldes, mit Ausblicken in die Oberrheinebene.

Ausgangspunkt: Neustadt an der Weinstraße, 136 m. Erreichbar mit S-Bahn im Halbstundentakt ab Mannheim. Mit dem Auto: A 65, Parken auf der Festwiese.
Endpunkt: St. Martin, 225 m. Rückfahrt mit Buslinie 501, überwiegend Stundentakt. Mit dem Auto (Parken gegen Gebühr am südöstlichen Ortseingang) über Maikammer und die Weinstraße.
Höhenunterschied: Aufstieg insgesamt ca. 810 m, Abstieg ca. 720 m.
Anforderungen: Lange, insbesondere im Sommer anstrengende Wanderung mit mehreren längeren Auf- und Abstie-

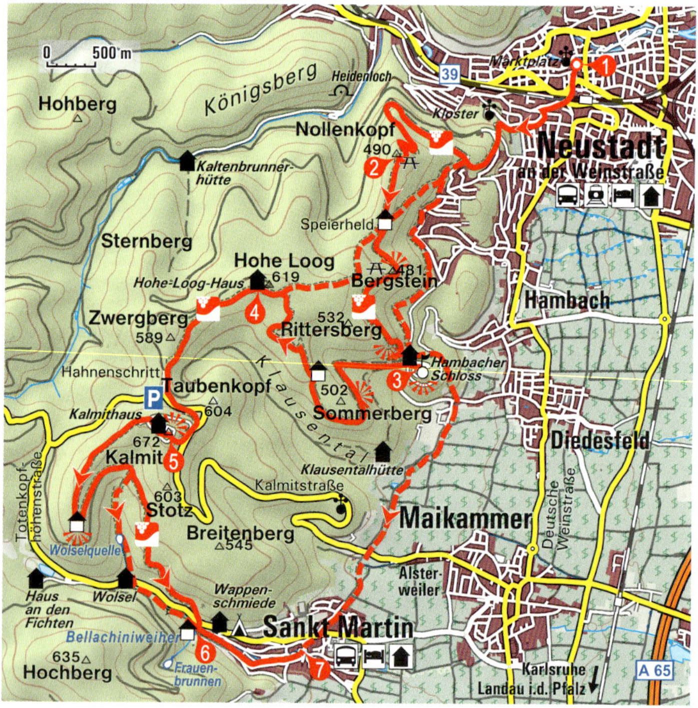

gen. Es bieten sich aber Abkürzungsmöglichkeiten an.
Einkehr: Neustadt-Zentrum: Hotel Rittersberg am Hambacher Schloss (Do Ruhetag); Hambacher Schloss; PWV-Hütte Hohe Loog (Mi/Sa/So/feiertags; Sommer- und Herbstferien Rhl.-Pfalz täglich geöffnet, Tel. 06321/480092); PWV Kalmithaus (März–Nov. Mi–So, feiertags, Dez.–Feb. Mi, Sa, So, feiertags, Tel. 06321/5424); Wappenschmiede; St. Martin.
Unterkunft: Neustadt siehe WS 4. **St. Martin** (Vorwahl 06323): Kat. V: HR Wiedemann's Weinhotel (www.wiedemanns-weinhotel.de, Tel. 94430). Kat. IV-V: »Haus am Weinberg« (www.hausamweinberg.de, Tel. 9450); HR Consulat des Weins (www.consulat-des-weins.de, Tel. 8040); Hg Das Landhotel (www.das-landhotel.com, Tel. 94180); HR St. Martiner Castell (www.hotelcastell.de, Tel. 9510); HR Winzerhof (www.wein-und-sekt-becker.de, Tel. 94440); P Landhaus Christmann (www.landhaus-christmann.de, Tel. 94270); Vinotel Schreieck (www.schreieck-vinotel.de, Tel. 7042630). Kat. III: HR Grüner Baum (Tel. 4532). **Camping** an der Wappenschmiede (Tel. 6435). **Maikammer** (Abseits des Weinsteigs, Vorwahl 06321): Kat. V: HR Immenhof (www.hotel-immenhof.de, Tel. 9550); Kat. IV: HR »Zum Goldenen Ochsen« (www.zum-goldenen-ochsen.de, Tel. 58101); HR Waldhaus Wilhelm (www.waldhaus-wilhelm.de, Tel. 58044).
Information: Tourist-Information Neustadt an der Weinstraße siehe WS 4. Büro für Tourismus (Johannes-Damm-Straße 11, 67487 Maikammer, www.maikammer.de, info-maikammer@maikammer.de, Tel. 06321/952768).

Hohe-Loog-Haus.

Tipps: St. Martin: Orts-, Wein-, Kräuter-, Pilzwanderungen und -führungen und durch den ehemaligen NATO-Bunker; Weinproben; Veranstaltungen in der Kulturscheune Alte Kellerei (Büro für Tourismus St. Martin, Tel. 06323/5300); Weinkerwe St. Martin am ersten Wochenende im August; Martinusweinfest Wochenende vor und nach dem St.-Martins-Tag am 11. Nov. **Maikammer:** Maifest ab Christi Himmelfahrt; Weinkerwe drittes Wochenende im Juli.
Hinweis: Diese Etappe ist mit 6 Std. reiner Gehzeit ziemlich lang. Wer die Ausstellung auf dem Hambacher Schloss besuchen möchte, sollte dies daher nicht für diesen Tag einplanen. Zudem werden mehrere Vorschläge gemacht, wie man die Tour gegebenenfalls abkürzen kann.

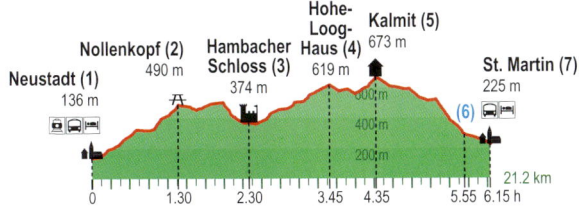

Hambacher Schloss.

Wir beginnen unsere Wanderung am Marktplatz im historischen Zentrum von **Neustadt an der Weinstraße (1)** und folgen der Hauptstraße nach Süden, bis uns die Zwockelsbrücke ermöglicht, die Eisenbahnlinie zu queren. (Dort stößt dazu, wer mit der Bahn angereist ist.) Am empfehlenswerten Restaurant Zwockelsbrücke gehen wir die Bergstraße ein Stück hinauf, nehmen dort den kleinen Treppenweg und können einen ersten Ausblick auf die Stadt genießen. Geradeaus geht es kurz den steilen Ast der Wittelsbacher Straße empor bis zur Waldstraße, die uns zum Waldrand und zu einem Wanderparkplatz vor dem Kloster führt. Begleitet von den Markierungen roter Punkt und roter Strich des Pfälzerwald-Vereins schlängelt sich ein in Auflösung begriffener Teerweg aufwärts. Vom Conrad-Freytag-Blick sehen wir bereits die gesamte Oberrheinebene bis zum Odenwald und dem Durchbruch des Neckar bei Heidelberg. Wir können überprüfen, ob der in Sandstein gemeißelte Spruch »O Pfälzerland, wie schön bist Du« (heute noch) zutrifft. Kurz danach erreichen wir das Mausoleum der Familie Freytag und einen Brunnen, 266 m (25 Min.), an dem wir uns erfrischen können.
Wir umrunden das Mausoleum entgegen dem Uhrzeigersinn zur Hälfte und steigen auf einem Weg durch Kiefernwald bis zum Wendehammer am **Nollensattel**, 320 m, auf (10 Min., Parkplatz).

Varianten: Von hier sind das Hambacher Schloss mit der Markierung roter Strich und die Hohe Loog mit dem roten Punkt direkt zu erreichen. Ebenfalls könnten wir auf schönem Pfad zum Nollenkopf abkürzen.

Pfälzer Weinsteig

Unser Weinsteig führt uns auf fast ebenem Weg Richtung Hirschquelle zu den Zigeunerfelsen, wobei wir nach etwa 10 Min. an einer Bank, 269 m, einen schönen Blick in das Innere des Pfälzerwaldes mit der Wolfsburg im Speyerbachtal werfen können. Nun leitet ein Pfad in Kehren und über Stufen an den Zigeunerfelsen hinauf (kleine Aussichtsplattform). Anschließend wendet sich der Pfad wieder Richtung Oberrheingraben, vollzieht auf einem kleinen Sattel einen Rechtsbogen, kreuzt an einer Bank einen Waldweg und erreicht den **Nollenkopf (2)**, 490 m (40 Min., schattiger Rastplatz am Stein der weisen Zufriedenheit, Rundsicht zum Hambacher Schloss und bis zum Schwarzwald, Erinnerungsstein an französische Stellungen von 1689 im Pfälzischen Erbfolgekrieg).

Nach kurzem, steilem Abstieg gehen wir über den damaligen Kanonenweg der Franzosen und über den federnden Boden eines Kiefernwaldes zum **Speierheld**, 464 m (15 Min., Schutzhütte, Rastplatz; der rote Punkt führt direkt zur Hohen Loog). Der Weinsteig folgt dem Wegweiser »Bergstein«. Wenig später verlassen wir den Waldweg nach rechts zugunsten eines Pfades. Mittels einer Eisenleiter erklimmen wir den Felsen des **Bergsteins**, 481 m (10 Min., Aussicht, Rastplatz). Nur kurz steigen wir auf, zweigen links von dem zur Hohen Loog führenden Weg ab und erreichen auf fast ebenem Pfad durch den bewaldeten Hang des Oberrheingrabens das Sühnekreuz, ca. 475 m (15 Min., Blick auf das Hambacher Schloss, Rastplatz, Pfad Nr. 2 zur Hohen Loog).

Um zum Hambacher Schloss zu gelangen, gehen wir vom Sühnekreuz ca. 150 m auf dem Pfad zurück bis zu einer Verzweigung. Links leiten die Wegnummern 5 und 6 direkt zur Hohen Loog. Wir steigen 20 m später rechts auf dem Weg Nr. 3 in Kehren hinab zum HR Rittersberg (Einkehr, Ferien im Juli) und zum Parkplatz unterhalb des **Hambacher Schlosses (3)**, 339 m (15 Min., manchmal Weinausschank der Hambacher Winzer, kurze Abstiege nach Hambach möglich).

> *Das **Hambacher Schloss** wird auch oft als »Wiege der deutschen Demokratie« bezeichnet. Bereits Kelten und Römer nutzten die günstige Lage des dem Pfälzerwald vorgelagerten Bergkegels als Siedlung. Die salischen Kaiser, die gerne ihr Reich vom nahe gelegenen Speyer aus regierten, bauten um 1000 n. Chr. eine starke Burg (Kästenburg). Später ging die Burg in den Besitz des Bistums Speyer über. Auch diese Burg wurde 1689 von französischen Truppen zerstört. Unter bayerischer Herrschaft wurde sie dem bayerischen Kronprinzen Maximilian zum Hochzeitsgeschenk gemacht und in Maxburg umbenannt. Berühmt wurde das Hambacher Schloss durch das Hambacher Fest im Mai 1832, als etwa 30.000 Bürger von Neustadt aus zum Schloss zogen (»Hinauf, hinauf zum Schloss!«), um sich gegen die Einschränkung der in der französischen Revolution gewonnenen Bürgerrechte zu wehren (Ausstellung zur deutschen Demokratiegeschichte, www.hambacher-schloss.de).*

Hütte und Funkturm auf der Kalmit.

Varianten: Wer Wein statt Wald erleben möchte, steige am Parkplatz nach Hambach ab und folge anschließend dem Wanderweg Deutsche Weinstraße nach Süden bis St. Martin (ca. 60 Min. und damit fast 3 Std. kürzer als der Weinsteig). Vom Parkplatz beim Schloss gibt es auch einen kürzeren Weg zur Hohen Loog: Man geht ein Stück Richtung Sühnekreuz zurück und folgt Weg Nr. 5.

Der Weinsteig aber wählt den nächsttieferen Weg, der zunächst holperig, aber mit zwei schönen Ausblicken um den Sommerberg herumführt. An der **Sommerberghütte**, 486 m (40 Min.), läuft der von uns bisher benutzte Weg weiter zum Bildbaum, zum Parkplatz Hahnenschritt und direkt zur Kalmit. Der Weinsteig biegt hingegen (Achtung!) an der Hütte rechts auf einen zunächst undeutlichen Pfad ab (Weg Nr. 4). Dieser wechselt auf die Nordseite des Bergrückens und trifft auf den Pfad Nr. 5, dem wir links aufwärts folgen. Gut 5 Min. später biegen wir scharf rechts ab, um nicht direkt zur Kalmit zu gelangen, und erreichen durch wenig attraktiven Kiefernwald die PWV-Hütte am Gipfel der **Hohen Loog (4)**, 619 m (45 Min., Aussicht, Einkehr).

Von der Hohe-Loog-Hütte ist das nächste Zwischenziel, der Funkturm auf der Kalmit, bereits sichtbar. Wir steigen zum Bildbaum, 567 m, ab (Rastplatz) und wandern über den streckenweise felsigen Zwerchberg zum **Hahnenschritt** an der Kalmitstraße, 558 m (25 Min., Parkplatz, Bus 503 So und feiertags von Mai–Okt. nach Maikammer und Neustadt-Hbf). Jenseits der Straße steigen wir begleitet vom roten Punkt auf, zuletzt in Kehren, dann über Steintreppen und vorbei an martialischen Gedenktafeln für die Gefallenen des PWV Maikammer, zum höchsten Gipfel des Pfälzerwaldes, dem **Kalmit-**

Pfälzer Weinsteig

gipfel (5), 672 m (20 Min., Rastplätze, Einkehr im Kalmithaus, Aussicht). Wir folgen der Weinsteigmarkierung südlich um die Hütte herum und steigen nach Westen zum Parkplatz ab, den wir nach links verlassen (Wegweiserstele und Beginn des Abstiegs sind häufig durch parkende Autos verdeckt!). Nach knapp 10 Min. verläuft der Weinsteig schön links entlang einer Felsenmauer. Harte Buntsandsteinbänke der Karlstalschicht liegen auf schwächeren, stark erodierten Schichten. Felsblöcke, die ihre Basis bereits verloren haben, liegen im Hang (Felsenmeer). Bevor sich der Weinsteig scharf links im Hang abwärts wendet, sollten wir geradeaus noch die wenige Meter entfernte **Hüttenberghütte**, 591 m (30 Min., Aussichtspunkt über dem St. Martiner Tal), besuchen.

Zurück auf dem Weinsteig geht es im Hang sanft talwärts bis zum Rettungspunkt 6614-972, 507 m. Der Weinsteig wählt hier den mittleren der drei Wege, der uns in das St. Martiner Tal hinab und die Totenkopfstraße querend zum **Bellachiniweiher (6)**, 291 m (45 Min., Rastmöglichkeit; Bellachini war ein aus St. Martin stammender Zauberer und Wohltäter).

Variante, insbesondere mit Kindern: Am Rettungspunkt -972 folge man dem Hinweis »Wolselquelle« etwa 30 m auf dem Weg hinab, dann links in einen Pfad hinein, der den Weg später wieder kreuzt und weiter zur gefassten **Wolselquelle** absteigt (Rast- und Erfrischungsmöglichkeit). Wir wählen den Brückenpfad im Bachbett, kreuzen das Bächlein mehrmals auf Stegen. (Nach Schneeschmelze und starken Regenfällen gegebenenfalls feucht. Für Kinder: Schiffchen schwimmen lassen!) und erreichen das Wirtshaus im Wolsel (das uns selten Einkehr gewährt, weil es lediglich Fr und Sa ab 18.30 Uhr geöffnet hat) an der Totenkopfstraße. Jenseits der Straße und über einen Parkplatz gelangen wir auf einem unmittelbar am Bach (Schiffchen!) abwärts leitenden Pfad (Markierung grün-weiß) vorbei am winzigen Hollerbrunnen zum **Bellachiniweiher (6)**.

Um in den Ort zu gelangen, folgen wir ab Bellachiniweiher entweder dem etwas langweiligen Schotterweg oder queren zurück auf die linke Seite des Bachs und gehen in Fließrichtung auf schönem Pfad zum Wirtshaus Wappenschmiede und von dort ins Zentrum von **St. Martin (7)**, 225 m, und zur Bushaltestelle (25 Min., Hotels, Restaurants, Wein- und Weinprobierstuben).

St. Martin war die erste Gemeinde in der Pfalz, die systematisch und sehr erfolgreich eine Dorfsanierung betrieb. Das herausgeputzte Dörfchen wurde bei Touristen schnell beliebt, der Weinabsatz stieg, Hotels und Restaurants schossen aus dem Boden. Inzwischen ist das Dorf über die Talkante hinausgewachsen. Im reizvollen Ortskern gibt es mehrere Möglichkeiten zum Einkehren, Weinprobieren und Weinkaufen.

Pfälzer Weinsteig

WS6 — Von St. Martin nach Burrweiler

5.10 Std.
16,7 km

Am laufenden Band Heilige: Martin, Ottilia, Maria und Anna

Der Weinsteig führt uns weiter durch den bewaldeten Hang des Oberrheingrabens.

Ausgangspunkt: St. Martin, 225 m. Erreichbar mit ÖPNV: Bus 501 von Neustadt, Maikammer, Edenkoben und Landau. Anfahrt mit dem Auto von Maikammer oder Edenkoben, Parken mit Tagesticket am südöstlichen Ortseingang; keine Parkmöglichkeit über einen Tag hinaus in St. Martin!

Endpunkt: Burrweiler, 246 m. Rückfahrt mit Bus 501 von Burrweiler-Mitte (Ofenmuseum). Mit dem Auto (Parken an der Festhalle an der nördlichen Ortseinfahrt) über die Weinstraße.

Höhenunterschied: Aufstieg insgesamt ca. 600 m, Abstieg ca. 580 m.

Anforderungen: Mittlere »Mittelgebirgskondition« erforderlich.

Einkehr: St. Martin: Waldgaststätte Friedensdenkmal (tägl. 11–18 Uhr, Tel. 06323/5918); Waldkiosk und Bootsverleih am Hilschweiher (Ostern–Oktober, Mo Ruhetag); Siegfriedschmiede (11.30–21 Uhr, Mo/Di Ruhetag, Tel. 06323/3912); Talstation Rietburgbahn (einfach, April–Nov. täglich); Höhengaststätte Rietburg (1.4.–8.11. täglich, Tel. 06323/2936); Rietaniahütte (April–Okt. Mo/Di Ruhetage, Nov.–März, ab 11 Uhr, Mo/Di Ruhetag, Tel. 06323/6852); PWV St.-Anna-Hütte (Mi/So/feiertags, Juli–Okt. auch Sa,

Kunst im Wald.

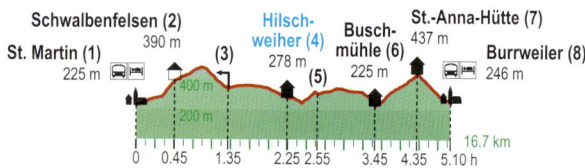

Pfälzer Weinsteig

Tel. 06345/3931); Burrweiler (Gastrotipp: Restaurant-Weingut Burrweiler Mühle im Modenbachtal, feinbürgerliche Küche, idyllischer Garten, Mi–Sa ab 15, So ab 12 Uhr, Tel. 0176/36186290).

Unterkunft: St. Martin/Maikammer siehe WS 5. Etwas abseits in **Edenkoben** (Vorwahl 06323): Kat. V: HR Prinzregent (www.prinzregent-edenkoben.de, Tel. 9520); HR Gutshof Ziegelhütte (www.gutshof-ziegelhuette.de, Tel. 94980). Kat. IV: HR Pfälzer Hof (www.pfaelzerhof-edenkoben.de, Tel. 938910). Kat. III: HR Ludwigs (www.ludwigsedenkoben.de, Tel. 9898733). **Edenkobener Tal:** Kat. III: Sportschule (www.sportschule-edenkoben.de, Tel. 94030). Kat. I: PWV Edenkobener Hütte am Hüttenbrunnen (Mehrbettzimmer, www.huettenbrunnen.de, Tel. 2827); Edenkobener Naturfreundehaus (Doppel- und Mehrbettzimmer, www.naturfreunde-edenkoben.de, Tel. 1851). Abseits des Weinsteigs in **Rhodt** (Vorwahl 06323): Kat. III-IV: HR Theresienhof (www.theresienhof-rhodt.de, Tel. 9493780); GP Rhodter Adler (www.rhodter-adler.de, Tel. 9492770). Kat. II-III: HR Weinstube Waldkirch (Tel. 5825); P Weingut Krieger (www.weingut-krieger.de, Tel. 5411). **Burrweiler** (Vorwahl 06345): Kat. III: P St Annagut (www.sankt-annaberg.com, Tel. 3258); H Weinhotel Kienle (www.weinhotel-kienle.de, Tel. 2976). Ca 1 km weiter in **Gleisweiler** (Vorwahl 06345): Kat. II: GR Landgasthof Zickler (Tel. 93139, www.landgasthof-zickler.de); Hg Weinstube Weinberg (www.haus-weinberg.de, Tel. 3341).

Information: St. Martin/Maikammer siehe WS 5. Büro für Tourismus Edenkoben (Poststraße 23, 67489 Edenkoben, www.garten-eden-pfalz.de, touristinfo@vg-edenkoben.de, Tel. 06323/959222).

Tipps: Villa Ludwigshöhe (9–18 Uhr, Winter bis 17 Uhr, Dez. und erster Werktag geschlossen, www.burgen-rlp.de, Tel. 06323/93016): Schlossführungen stündlich; Dauerausstellung Max-Slevogt-Galerie (www.max-slevogt-galerie.de, Tel. 06131/28570); Konzerte Villa Musica (www.villamusica.de, Tel. 06131/925 1800); Schlossfest Ende Aug. (Tel. 06323/93016). Lampionfahrt mit der **Rietburg-Sesselbahn** (Tel. 06323/1800 und 1788). Veranstaltungen im **Künstlerhaus Edenkoben** (www.kuenstlerhaus-edenkoben.de, Tel. 06323/2325). Weinprobe in der **Vinothek** des Weinguts Meßmer in Burrweiler. **Weinfeste** (Auswahl): Edenkoben, Mitte Juni und Ende Sep.; Rhodt, Pfingsten und Mitte Sep.; Burrweiler, 1. Wochenende im Juli, letztes Wochenende im August; Gleisweiler, 1. Wochenende im August; Weyher, Mitte September, Wein+Kunst letztes Wochenende im Oktober.

Blick vom Straßburger Stein zur südlichen Weinstraße.

Wir gehen vom Zentrum in **St. Martin (1)** in das Tal hinein, bis wir auf den querenden Weinsteig treffen. Vom Bellachiniweiher, 291 m (25 Min.), zieht ein schmaler Serpentinenpfad hinauf in einen in den Zwanzigerjahren des letzten Jahrhunderts entstandenen und zwischenzeitlich »verwunschenen« Landschaftspark. Zunächst treffen wir auf den Bellachinibrunnen und wenig höher auf die Frauenbrunnenanlage mit der Tina-Willblick-Hütte.
Der Weinsteig setzt sich direkt hinter der Hütte fort und steigt in Kehren bis zum zweiten Querweg hinauf, an dem wir links nach wenigen Metern auf den **Schwalbenfelsen (2)**, 390 m (10 Min.), und gut 100 m weiter auf den Dichterhain treffen. In eine Felswand sind die Köpfe von drei Dichtern eingemeißelt, die sich um St. Martin verdient gemacht haben.

Schönere Variante ab Tina-Willblick-Hütte (10 Min. länger): Wir bewegen uns von der Hütte ein paar Meter nach links und passieren die Felswand, in die Informationen zur Frauenbrunnenanlage eingemeißelt sind. Ein Pfad leitet am Bach empor, der, vom Frauenbrunnen kommend, durch Felsen hinabstürzt. Dreimal überschreiten wir den Bach auf Stegen, bis wir am ersten querenden Waldweg nach rechts zu einer bereits sichtbaren Bank wandern. Wenige Meter danach steigen wir auf dem Pfad des Weinsteigs zu **Schwalbenfelsen (2)** und Dichterhain auf.

Pfälzer Weinsteig

Vom Dichterhain wandern wir den Linksbogen des Waldweges aus und gewinnen ab dem Frauenbrunnen auf breitem Weg sanft an Höhe. Von einer Bank bietet sich ein weiter Blick über das Rebenmeer. Der Kreuzweg von der Kropsburg hinauf nach St. Ottilia wird gequert. Etwa 10 Min. später wählen wir einen Pfad, der links hinunter abzweigt. Wir queren einen Weg, gehen am nächsten Weg rechts und weiter hinunter, bis wir den Weg mit rotem Punkt kreuzen und nach ca. 250 m einen Parkplatz erreichen.

Lohnender **Abstecher (3)**: Nur 200 m abseits des Weges liegt das **Friedensdenkmal** (Rastplatz), Panoramaaussicht vom Dach in den Oberrheingraben, Einkehr im Gasthaus ab 11 Uhr. 5 Min. südlich des Denkmals liegt der **Straßburger Stein**, von dem aus 1870 das Artilleriefeuer bei Straßburg beobachtet werden konnte. Passend dazu sind nördlich an der Zufahrtsstraße die Köpfe von Bismarck und Moltke in Stein gemeißelt.

Zurück am Parkplatz folgen wir 30 Min. lang breiten Schotterwegen in das Edenkobener Tal hinein. Knapp 1 km vor der Edenkobener Hütte am Hüttenbrunnen (Einkehr, einfache Übernachtungsmöglichkeit) queren wir die Straße und steigen zum kühlenden Bach hinab. Begleitet vom Bach kommen wir auf manchmal feuchtem Erdweg bis vor den Hilschweiher. Vor dem Klohäuschen beginnt ein winziger Umweg zu den künstlich angelegten Hilschwasserfällen hinauf und anschließend hinab zum **Hilschweiher (4)**, 278 m (50 Min. ab Friedensdenkmal, Waldkiosk mit einfacher Gastronomie im Freien, Bootsverleih).

Am Ende des Weihers steigen wir zu einem höher gelegenen Weg auf und folgen ihm, bis ein Pfad zum Waldgasthaus Siegfriedschmiede hinabführt. Bereits nach ca. 100 m auf dem Talweg leitet ein Pfad wieder hinauf. Wer also nicht einkehren möchte, kann sich den Abstieg zur **Siegfriedschmiede** sparen, bleibt stattdessen auf dem oberen Weg, nimmt an der Gabelung den rechten Weg und trifft nach kurzer Zeit wieder auf den Weinsteig, der als Pfad nach rechts aufsteigt. In Sichtweite der Sesselbahn zur **Rietburg** gehen wir zur Talstation hinunter (einfache Einkehr; Tipp: Fahrt mit der Bahn zur Rietburg, Panoramasicht und Gastronomie). Wenige Meter sind es bis zur **Villa Ludwigshöhe (5)**, 305 m (30 Min., Aussicht, Museum).

*Die **Rietburg** wurde zu Beginn des 13. Jh. von den Herren von Riet, damals Lehnsherren der Abtei Weißenburg, erbaut. Nach wechselvoller Geschichte wurde sie im Dreißigjährigen Krieg zerstört und nicht wieder aufgebaut. Seit 1954 führt die Sesselbahn in 8 Minuten hinauf und überwindet dabei 220 Höhenmeter. Von der Terrasse der Höhengaststätte reicht der Blick bis zum Odenwald und zum Schwarzwald.*

***Villa Ludwigshöhe** wurde von König Ludwig I. von Bayern als pfälzischer Sommersitz in Auftrag gegeben. Die spätklassizistische Villa italienischer Art wurde von 1846 bis 1852 nach Plänen von Friedrich Wilhelm von Gärtner errichtet. Sie zeigt in einer Dauerausstellung Werke des Malers Max Slevogt.*

Friedensdenkmal außen ... *... und innen.*

Nur 600 m nach der Villa Ludwigshöhe bietet die **Rietaniahütte** eine weitere Hütteneinkehr. Gut 5 Min. später verlassen wir den breiten Weg und folgen dem roten Punkt links in einen Pfad. Hier treffen wir auf Holzskulpturen, und Kindergartenkinder haben den Weg gestaltet. Wir erreichen den Waldrand und eine Obstwiese mit Aussicht. Zurück im Wald kommen wir zum Johannisbrunnen mit großer Schutzhütte und anschließend zur Mariengrotte (Rastplätze).

Wir folgen nun dem roten Strich bis zur Straße und ins Modenbachtal hinab, wo die **Buschmühle (6)**, ca. 225 m (45 Min., gehobene Gastronomie, werktags erst ab spätem Nachmittag geöffnet), liegt. Vor deren Haupteingang gehen wir ca. 80 m nach links und steigen an einer Weide zu einer weiteren Straße auf, der wir etwa 200 m nach links folgen. Jenseits der Straße geht es, immer noch begleitet vom roten Strich, zunächst auf einem Pfad und dann auf einem endlos erscheinenden breiten Schotterweg aufwärts zur **St.-Anna-Hütte (7)**, 437 m (45 Min., Einkehr). Der sich an der St.-Anna-Kapelle öffnende Blick auf das Rebenmeer ist eindrucksvoll.

Nach Burrweiler hinab kann man unter zwei Wegen wählen: Der Kreuzweg führt direkt, sehr steil und damit anstrengend hinab. Besser man folgt dem Weinsteig zum den Gasthof St. Annagut (Einkehr, Übernachtung, Aussicht) und von dort dem (der Sonne ausgesetzten) Fahrweg nach **Burrweiler (8)**, 246 m (20 Min., Einkehr Von der Leyen und Ritterhof zur Rose, Bus).

Pfälzer Weinsteig

4.45 Std.
17,3 km

Von Burrweiler nach Dernbach

Abkehr von der Weinstraße

Der Weinsteig verläuft ganz überwiegend durch geschlossenen Wald auf breiten Forstwegen, die für Wanderungen von Gruppen geeignet sind. Es bieten sich jedoch kürzere Alternativen an, die landschaftlich wesentlich attraktiver sind und streckenweise Ausblicke auf die Weinlandschaft erlauben.

Ausgangspunkt: Burrweiler, 246 m. Erreichbar mit ÖPNV: Bus 501 Neustadt–Landau, stündlich, Burrweiler-Mitte (Ofenmuseum). Anfahrt mit dem Auto über die Deutsche Weinstraße, Parken an der Festhalle (nördliche Ortseinfahrt, Geisbergstraße).
Endpunkt: Dernbach, 206 m. Rückfahrt mit ÖPNV: Bus 521 nach Landau Hbf. (Mo-Fr zur Minute '43, Sa/So 15.20 letzter Bus 17.43 Uhr); von Landau Hbf. Bus 501 nach Burrweiler-Neustadt. Mit dem Auto über Ramberg – Drei Buchen – Modenbachtal.
Höhenunterschied: Aufstieg insgesamt ca. 500 m, Abstieg ca. 540 m.
Anforderungen: Die recht langweiligen Wege erfordern Gleichmut oder interessante Gespräche. Deshalb wird eine etwas kürzere und schönere Alternativroute vorgeschlagen.
Einkehr: Burrweiler: St.-Anna-Hütte (Tel. 06345/3931, So/feiertags/Mi, Juli–November auch Sa); Trifelsblickhütte (Tel. 06345/2237, Sa/So/feiertags 9.30–18 Uhr); Ramberger Waldhaus Drei Buchen (Mi–So ab 11 Uhr, Sep.–Okt. täglich, Tel. 06345/93282); Landauer Hütte (Tel. 06345/3797, Sa/So); Dernbacher Haus (Mi–So, Tel. 06345/9596868). Dernbach.
Unterkunft: Edenkoben, Rhodt, Burrweiler, Gleisweiler siehe WS 6. **Dernbach** (Vorwahl 06345): Kat. IV: HR Dernbachtal (www.hotel-dernbachtal.de, Tel. 9597743). Kat. I: P Haus Müller (www.gaestehaus-mueller.net, Tel. 2304). Etwas abseits des Weges **Ramberg** (Vorwahl 06345): Kat. III-IV: HR Landhaus St. Laurentius (www.landhaus-sanktlaurenzius.de, Tel. 954990); HR Bürstenbinder (www.buerstenbinder.de, Tel. 949490).
Information: Büro für Tourismus Edenkoben siehe WS 6. Büro für Tourismus Annweiler (Meßplatz 1, 76855 Annweiler, www.trifelsland.de, info@trifelsland.de, Tel. 06346/2200).
Tipp: Dernbach: Bürstenbindermuseum (Mi/Sa/So und feiertags 14–17 Uhr, Tel. 06345/407930).

Wer für diese Etappe den offiziellen Weinsteig wählt, muss von **Burrweiler (1)** zur St.-Anna-Kapelle und zur gleichnamigen Hütte hinauf, wo man auf den Weinsteig trifft. Vom Parkplatz an der Festhalle in Burrweiler kann man in Verlängerung der Geisbergstraße die Mönchsstraße und anschließend sehr steil und beschwerlich, zuletzt dem Kreuzweg folgend, zur Kapelle gelangen. Angenehmer, wenn auch gegebenenfalls der Sonne ausgesetzt, geht man durch Raiffeisenstraße und Weinstraße zur Kreuzung am Ofenmuseum (Bushaltestelle Burrweiler-Mitte) und die St. Annastraße zur Gutsschänke St. Annaberg hinauf. Hier folgen wir rechts dem blauen Strich aufwärts zum Waldrand und einem kleinen Parkplatz. (Es wird davon abge-

Ramberger Waldhaus »Drei Buchen«.

raten, hier an schönen Wochenenden parken zu wollen!) Dann leitet uns der blaue Strich über einen Waldweg weiter hinauf zur **St.-Anna-Kapelle (2)**, ca. 430 m (30 Min. ab Ofenmuseum, Aussicht, Einkehr in der St.-Anna-Hütte). Der Weinsteig folgt nun hinter der St.-Anna-Hütte nach links bis zu Drei Buchen dem blauen Strich. Bedauerlicherweise handelt es sich dabei, von einem kurzen Wegstück abgesehen, über fast 6 km oder ca. 1,5 Std. ausschließlich um Forstpisten. Da man nicht abgelenkt wird, kann man seinen Gedanken nachhängen bzw. durch Unterhaltung in einer Gruppe Zeit und Landschaft vergessen. Wir passieren dabei die **Trifelsblickhütte (3)**, 534 m

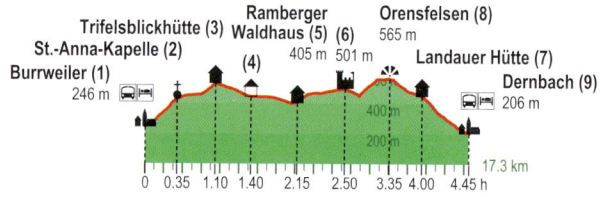

Pfälzer Weinsteig

(40 Min., begrenzte Einkehrmöglichkeit, Blick über die südliche Weinstraße und die Trifelsgruppe), die Wegspinne **Dreimärker (4)**, 446 m (30 Min., Schutzhütte, Rastplatz), und schließlich Drei Buchen, 403 m (knapp 30 Min., jenseits der Straße ehemaliges Grab eines im Zweiten Weltkrieg gefallenen Soldaten), den Pass zwischen Modenbachtal und Dernbachtal.

Der Weinsteig führt uns nun in kürzester Zeit zum **Ramberger Waldhaus Drei Buchen (5)**, 405 m, mit Einkehrmöglichkeit. Über den Spielplatz steigen wir zu einem breiten Weg mit der Markierung Armbanduhr auf und folgen ihm nach rechts bis zu einem mitten auf dem Weg errichteten Rastplatz mit Aussicht auf Trifels, Burgruine Scharfeneck und Ruine Ramburg. Wenig später gewinnen wir endlich einen schönen Pfad, der uns mit unmerklicher Steigung zur **Ruine Neuscharfeneck (6)**, 501 m, bringt (45 Min., Besichtigung und Aussicht, Eingang am Westende).

> *i* Burg **Neuscharfeneck** wurde in der ersten Hälfte des 13. Jh. gegründet und am Ende des 15. Jh. verstärkt und ausgebaut. Die gegen den Berg gerichtete Schildmauer ist 60 m lang, 20 m hoch und 12 m dick und damit gewaltig. Dennoch wurde die Burg im Bauernkrieg 1525 gebrandschatzt und im Dreißigjährigen Krieg zerstört.

Auf breitem Weg gehen wir in wenigen Minuten hinunter zur **Landauer Hütte (7)** am Zimmerplatz, 451 m (10 Min., Einkehrmöglichkeit, Zimmerbrunnen). Beim Bau der Burg war hier der Platz der Zimmerer, später der Schlossgarten.

Pfälzer Weinsteig

Ab der Landauer Hütte bietet der Weinsteig eine Umrundung des Orensberges an, von dem sich, hoch über dem Queichtal, ein grandioses Panorama öffnet. Einschließlich einer kurzen Aussichtspause ist dafür 1 Std. Zeit einzuplanen. Wenn wir entgegen dem Uhrzeigersinn gehen, steigen wir auf dem ersten Kilometer etwa 100 m auf. Noch vor dem Wendepunkt können wir möglicherweise Drachenfliegern beim Starten zusehen. Der leicht überhängende **Orensfelsen (8)**, 564 m (Aussicht auf Trifels, Queichtal und südliche Weinstraße, Rastmöglichkeit), ist durch ein Geländer gesichert.

Ruine Neuscharfeneck.

Pfälzer Weinsteig

Der Rückweg zur Landauer Hütte verläuft durch die Ostflanke des von einem Ringwall einer karolingischen Fluchtburg umgebenen Berges. Viel interessanter wäre es, nach links vom offiziellen Weg abzuweichen und Trittspuren folgend über den Gipfel des Orensfelsens zu gehen. Diese Variante ist jedoch nur tritt- und orientierungssicheren Wanderern anzuraten!

Von der **Landauer Hütte (7)** führt der Weinsteig, begleitet vom rot-weißen Strich, ins Dernbachtal hinab. Nach den hinter uns liegenden stundenlangen schattigen Waldpassagen bietet das Dernbacher Haus am Waldrand Einkehr und Aussicht über das grüne und hoffentlich auch lichtdurchflutete Tal. Auf Beton und Teer gehen wir nun überwiegend durch Wiesen nach **Dernbach (9)**, 206 m, hinab (35 Min., Einkehr- und Übernachtungsmöglichkeiten, Bus).

Alternative:
Da der Weinsteig nun endgültig dem Wein den Rücken kehrt und auf dieser Etappe dazu auch noch äußerst langweilig auf breiten Waldpisten ständig durch geschlossenen Wald verläuft, wird hier versucht, eine abwechselungsreichere Alternative anzubieten; dabei sind wiederum zwei Varianten – je nach Vorlieben – möglich (insgesamt jeweils 12 km, 3.45 Std.).

1. Weinort-Variante: Von der **Gutsschänke St. Annaberg** folgen wir der Weintraube des Wanderweges Deutsche Weinstraße, indem wir den gepflasterten Wirtschaftshof queren und wenige Stufen absteigen, wo uns ein schöner Pfad empfängt, der durch den bewaldeten Hang nach **Gleisweiler** zieht. Wir durchschreiten den hübschen Weinort und gelangen zum Parkeingang der Klinik. Es ist sehr lohnend, den Park des 1844 nach Plänen von Leo von Klenze errichteten Kurhauses in einem Bogen zu durchschreiten. Das Gelände weist einen für

Pfälzer Weinsteig

die Weinstraße typischen alten Baumbestand auf, denn im 19. Jh. war es in Mode, vornehmlich Mammutbäume und Zedern in die Parks zu pflanzen. Anschließend bringen uns Weintraube und roter Strich entlang einer am Waldrand stehenden Häuserzeile und oberhalb des Waldparkplatzes (hier kann kurz zur Waldvariante aufgestiegen werden) zum Eingang des Hainbachtals, wo wir der rot-weißen Markierung in das Tal bis zur **Walddusche** folgen, ca. 290 m (45 Min., Erfrischungsmöglichkeit, Umkleidekabine an der Rückseite). Weiterweg wie unten bei der Waldvariante beschrieben.

> *Die aus Sandstein erbaute **Historische Walddusche** wurde von 1844 bis 1879 als Kaltwasseranstalt des damaligen Kurhauses (jetzt Klinik) in Gleisweiler genutzt. Durch Ableiten des Hainbaches konnten eine 10 Fuß hohe Schwalldusche und ein Wassertretbecken betrieben werden. Zwischen 1991 und 1996 wurde die verschüttete Anlage ausgegraben und restauriert. Im Winter ist die Walddusche nicht in Betrieb.*

2. Waldvariante: Von der **St.-Anna-Kapelle (2)** folgen wir dem roten Strich im Hang des Oberrheingrabens nach Süden durch typischen Esskastanien- und Kiefernwald bis zum **Luitpoldplatz**, 360 m (25 Min.), mit seinen knorrigen Eichen. Hier wendet sich der rote Strich scharf links hinab zum Eingang der Klinik in Gleisweiler. Wer im Wald bleiben möchte, z. B. an heißen Sommertagen, bleibt am Luitpoldplatz noch ca. 50 m auf dem Weg geradeaus und steigt dann links auf einem schmalen Weg ab, der später mit einem Fliegenpilz markiert ist. Unser Weg/Pfad verläuft in Gehrichtung geradeaus bis oberhalb des Waldrandes bei Gleisweiler. Wo der Pilz in scharfem Winkel hinunter zum Waldparkplatz weist, folgen wir geradeaus etwas ansteigend Eichhörnchen, Fuchs und Naturpark-Weg Nr. 2. An der nächsten Kreuzung verlassen wir diesen Pfad nach links hinab zu dem rot-weiß markierten breiten Weg im Hainbachtal. Wenn wir hier 100 m nach links gehen, gewinnen wir einen Pfad hinab zum Bach und an diesem aufwärts zur Historischen Walddusche, ca. 290 m (25 Min.).

Wir wandern weiter auf dem Pfad am Bach aufwärts, werden an dessen Ende auf den Weg mit dem rot-weißen Strich und dann zu einer über dem Bach liegenden Wegspinne geführt. Während die rot-weiße Markierung direkt zur Landauer Hütte leitet, wollen wir zunächst dem lohnenden Orensfelsen einen Besuch abstatten. Dazu queren wir den Bach und steigen mit der Weg-Nr. 4 in einem Linksbogen auf. An der nächsten Abzweigung ignorieren wir nochmals den Hinweis auf die Landauer Hütte und steigen stattdessen gut 200 m weiter zu einem breiten Querweg auf, dem wir rechts (Nr. 4) folgen. Nach 200 m weisen uns die Nr. 4 und der Wegweiser »Orensfelsen« auf einen im spitzen Winkel abzweigenden Pfad, der zur **Schutzhütte Kirschbaumhöhe**, ca. 440 m (40 Min.), emporsteigt. Wir folgen dem Wegweiser

Pfälzer Weinsteig

»Orensfelsen« und dem blau-weißen Strich etwa 300 m aufsteigend bis zu einer Verzweigung, wo wir links gehen (rechts zur Landauer Hütte) und nach 100 m auf die Weinsteig-Markierung treffen. 15 Min. später bestaunen wir die Aussicht vom **Orensfelsen (8)**, 564 m (25 Min., siehe S. 72 die Beschreibung des Weinsteigs). Durch die Westflanke des Orensberges leitet uns die Weinsteig-Markierung zur **Landauer Hütte (7)**, siehe Seite 73.

Die im Winter von der Landauer Hütte bereits sichtbare Burgruine **Neuscharfeneck** (Beschreibung auf Seite 71) erreichen wir in knapp 15 Min. Von dort können wir auf wesentlich schönerer Route als von der Landauer Hütte zu unserem Etappenziel Dernbach absteigen: Am westlichen Ende der Burgruine folgen wir dem Wegweiser »Dernbach«. Ein Pfad leitet kurz über einen Felsrücken, dann vor einer kleinen Felsformation rechts stellenweise steil (Rutschgefahr!) in Serpentinen hinab.

An einer querenden Wegverzweigung führt der Pfad halb links weiter. Am nächsten Querweg wandern wir 100 m nach links, dort auf einem Pfad weiter abwärts. Das Dernbacher Haus wird nun deutlich ausgewiesen. Wir gehen auf Waldpfaden in einem Rechtsbogen. Zwei kleine Bäche werden mittels Holzstegen überwunden. Wir treten aus dem Wald heraus und wandern auf einem Grasweg durch alte Streuobstwiesen. An einem Wasserbehälter und einem Rastplatz erreichen wir einen Betonweg und den Weinsteig. Links aufwärts können wir nach ca. 150 m im **Dernbacher Haus** einkehren, rechts geht es hinab nach **Dernbach (9)**, 206 m (40 Min.).

Dernbach.

Pfälzer Weinsteig

Von Dernbach nach Annweiler

4.00 Std.
14,1 km

Auf dem Weg der Mönche

Anstrengend steile Aufstiege über drei Bergrücken und ein schöner Abstieg nach Annweiler.

Ausgangspunkt: Dernbach, 206 m. Erreichbar mit Buslinie 521 von Landau-Hbf. Mit dem Auto: B 10 bis Albersweiler/Queichhambach – L 505 – L 506.
Endpunkt: Annweiler, 179 m. Rückfahrt mit Zug bis Landau-Hbf./Buslinie 521. Mit Taxi (Vorwahl 06346): Tel. 1763, 928912 oder 7486. Mit dem Auto (Parken am Bahnhof): über Queichhambach.
Höhenunterschied: Aufstieg insgesamt ca. 550 m, Abstieg ca. 580 m.
Anforderungen: Mühevoller Weg mit

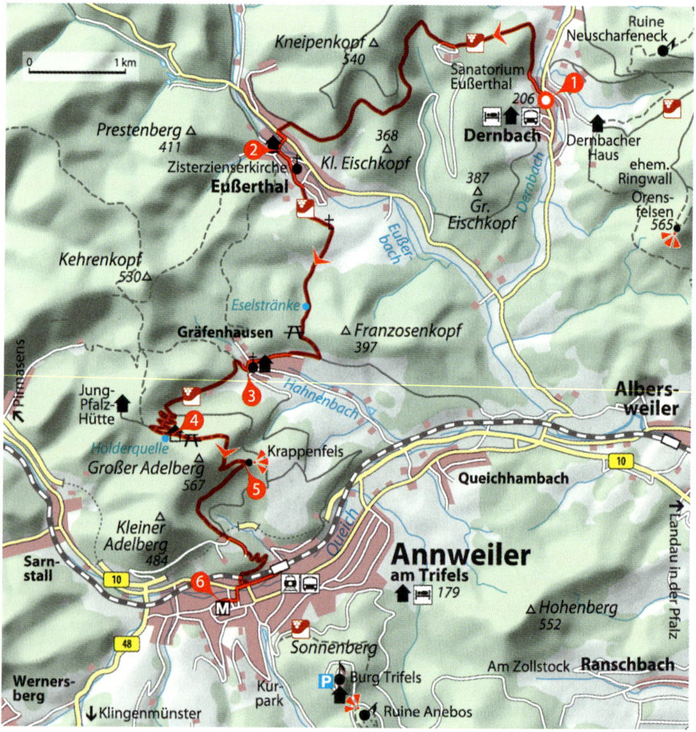

Die Burgen Trifels, Anebos und Münz.

drei abschnittsweise steilen Anstiegen.
Einkehr: Dernbach, Eußerthal, Gräfenhausen: Jung-Pfalz-Hütte (500 m abseits, Sa/So ab 11 Uhr, Sommerferien nur So, Tel. 0172/9224012). Annweiler: Gastrotipp: Zur Alten Gerberei (Tel. 3566).
Unterkunft: Dernbach/Ramberg siehe WS 7. **Annweiler** (Vorwahl 06346): Kat. IV: Jugendstil Hotel Trifels (www.jugendstilhotel-trifels.de, Tel. 308860); HR L'Antica Ruota (www.zum-alten-wasserrad.de, Tel. 93344); P Bergterrasse (www.pension-bergterrasse.de, Tel. 7219). Kat. III: HR Richard Löwenherz (Tel. 8394). Kat. I: Naturfreundehaus Annweiler (Mehrbettzimmer, Tel. 8198, www.naturfreunde-annweiler.de).
Information: Büro für Tourismus Annweiler (Meßplatz 1, www.trifelsland.de, info@trifelsland.de, Tel. 06346/2200).
Tipps: Annweiler: Museum unterm Trifels (Geschichte Burg Trifels, Barbarossa, Richard Löwenherz, Stadt Annweiler, geöffnet 15.3.–1.11. Di–So 10–17 Uhr, 2.11.–14.3. Sa/So 13–17 Uhr, Tel. 06346/1682); Serenadenkonzerte auf Burg Trifels im Sommer (Büro für Tourismus, s. o.); Richard-Löwenherz-Fest mit mittelalterlichem Spektakulum am letzten Wochenende im Juli.

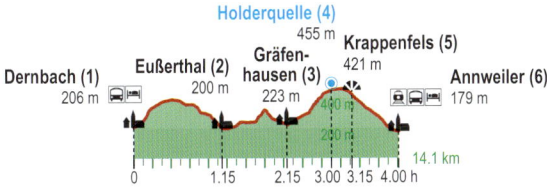

Zisterzienserkirche Eußerthal.

Wir starten in **Dernbach (1)** Richtung nördliches Ortsende. Vor den letzten Häusern folgen wir der Radwegweisung nach links durch eine Wohnstraße. Dann geht es auf Teer und später auf Schotter in den Wald hinauf. Eine Tafel klärt über die Bedeutung des Galgenberges auf. Oben verläuft der Weinsteig weiter auf Schotter am Nordrand des Sanatoriums entlang. Etwa 20 Min. später gesellt sich an einer Wegspinne ein Weg mit grün-blauem Strich dazu. Mit ihm steigen wir auf einem ungepflegten Weg, später auf einem Pfad, zur L 505 in **Eußerthal (2),** 200 m (75 Min., Einkehr), ab.

Hier wenden wir uns nach links und hinter dem Alten Forsthaus (Einkehr Fr–So 10.30–24 Uhr) rechts in die Hauptstraße, dann links bis zur **Zisterzienserkirche** aus dem 13. Jh. Ab dort folgen wir dem Mönchsweg bis Gräfenhausen, d.h. zunächst einem Asphaltsträßchen diagonal den Hang hinauf. An der Kindertagesstätte »Pudelwohl« verlassen wir den Ort und wandern aussichtsreich bis zu einem Wegkreuz und einem sonnig auf einer Wiese gelegenen Rastplatz. Bald danach steigen wir im Wald neben einem mit Laub, Ästen, Steinen und Morast gefüllten und deshalb nicht begehbaren Weg auf Trittspuren aufwärts.

Über einem Querweg liegend, bietet die von zwei Bänken flankierte **Eselstränke,** 304 m, Erfrischung und Rast. Nun benötigen wir noch gut 5 Min., um auf einem zu steil in Falllinie angelegten Pfad zur planierten Höhe (Rastplatz) aufzusteigen. Wie hinauf, so geht es auf der anderen Seite wieder hinunter. Bei Austritt aus dem Wald stoßen wir auf die große Sitzgruppe des 3-Burgen-Blicks und einen nur noch kleinen Weingarten mit Burgundertrauben. Wir lassen uns darüber aufklären, dass die Burgundertraube, die früher die Südhänge des Queichtales bedeckte, seit dem Jahr 1335 in Gräfenhausen nachgewiesen ist.

Von hier gehen wir rechts lange durch eine Wohnstraße in Südhanglage in **Gräfenhausen (3),** 223 m (60 Min., Einkehr). Am Gasthaus zum Lamm verläuft der Weinsteig geradeaus, anschließend rechts »Zur Holderquelle« und über dem Sportplatz an der Informationstafel des PWV scharf links in einen Waldweg. Etwa 15 Min. später führt nach einer Linkskurve rechts ein anstrengender Serpentinenpfad den Hang hinauf Richtung Jung-Pfalz-Hütte und Holderquelle. Am zweiten Querweg wandern wir mit dem weiß-blauen Strich nach links (rechts geht es in ca. 10 Min. zur Jung-Pfalz-Hütte) und erreichen nach 200 m die **Holderquelle (4),** 455 m (45 Min., Erfrischung, Schutzhütte, schattiger Rastplatz).

Pfälzer Weinsteig

Etwa 150 m danach dürfen wir den links abzweigenden schönen Pfad nicht verpassen! Er bringt uns in etwa 15 Min. durch den Nordhang des Großen Adelbergs auf den **Krappenfels (5)**, 421 m, wo wir erneut Burg Trifels erblicken. Nach weiteren 15 Min. abwärts auf dem Pfad treffen wir auf ein Gebäude (Turnerheim), lassen auf Asphalt einen Sportplatz rechts liegen und steigen nach links auf einem Fußweg in Kehren ab. Ein Querweg bringt uns fast eben nach rechts und über die Bahnlinie. Danach erreichen wir links nach 500 m den Bahnhof und geradeaus das Zentrum von **Annweiler (6)**, 179 m (60 Min., Einkehr und Übernachtung, Bahnhof).

i *Annweiler wurde wohl im 7./8. Jh. gegründet. Im Jahr 1218 verlieh Kaiser Friedrich II. dem Ort die Stadtrechte. Ein Gang durch den idyllischen Stadtkern mit der Stadtmühle und dem ehemaligen Gerberviertel an der Queich ist sehr lohnend.*

Die Queich in Annweiler.

Pfälzer Weinsteig

WS9 — Von Annweiler nach Leinsweiler

2.45 Std.
8,6 km

Auf der Spur der Reichskleinodien

Genussreiche Wanderung unter den Felsen des Trifelslandes, die bereits in Leinsweiler endet, sodass genügend Zeit für den Besuch von Annweiler und Trifels sowie eine aussichtsreiche Runde um die Burgruine Anebos bleibt.

Ausgangspunkt: Annweiler, 179 m. Erreichbar mit ÖPNV: Linie 675 Queichtalbahn Landau – Pirmasens, stündlich. Mit dem Auto: B 10, Parken am Bahnhof oder Kuranlagen.

Endpunkt: Leinsweiler, 244 m. Rückfahrt mit Bus 530 nach Landau, Mo–Fr stündlich, Sa 2-stündlich, bis 19.34 Uhr, So/feiertags nur 11.34, 15.34, 19.34 Uhr nach Landau-Hbf. Von dort Queichtalbahn nach Annweiler. Mit dem Auto (Parken in der Trifelsstraße bis Kneippbecken): Weinstraße bis Birkweiler, dann B 10.

Höhenunterschied: Aufstieg insgesamt ca. 350 m, Abstieg ca. 280 m.

Anforderungen: Kurze Wanderung mit langem Aufstieg zu Beginn.

Einkehr: Annweiler: Restaurant Barbarossa am Parkplatz von Burg Trifels (barbarossa-trifels.de, Tel. 06346/8479). Leinsweiler.

Unterkunft: Annweiler siehe WS 8. Leinsweiler (Vorwahl 06345): Kat. IV-V: HR Leinsweiler Hof (www.leinsweilerhof.de, Tel. 4090). Kat. IV: HR Castell (www.hotelcastell-leinsweiler.de, Tel. 94210); HR Rebmann (www.hotel-rebmann.de, Tel. 95400).

Information: Büro für Tourismus Annweiler siehe WS 8. Büro für Tourismus Landau-Land (Hauptstraße 4, 76829 Leinsweiler, www.landau-land.de, Tel. 06345/3531).

Tipps: Besuch der Burg Trifels (geöffnet ab 9 Uhr, im Dez. geschlossen, www.burgen-rlp.de, Tel. 06346/8470); Weinfest in Leinsweiler Mitte August; Weinfest mit Eselsmarkt in Eschbach am 1. Wochenende im August.

Felsen bei der Burgruine Münz.

Pfälzer Weinsteig

Wer mit dem Zug nach **Annweiler (1)** angereist ist, sollte zunächst die Altstadt in Augenschein nehmen und dem entsprechenden Wegweiser folgen. An der ersten großen Straßenkreuzung wechsle man an der Verbandsgemeindeverwaltung vorbei zur Queich und gehe das Flüsschen aufwärts. Am Schipkapass (der Grund für dessen Benennung nach dem Karpatenpass ist nicht bekannt) stehen die ehemalige Lohmühle mit ihrem bemoosten Schaufelrad und das kleine »Museum unterm Trifels« direkt hinter den Resten der Stadtmauer. Ein idyllischer Weg führt uns zu einem kleinen Wasserkraftwerk. Nach links abbiegend, lohnt es sich ein wenig in der Altstadt mit seinen einladenden Gasthöfen umherzustreifen.

Von Kirche und Marktplatz folgen wir der im rechten Winkel nach Osten abknickenden Hauptstraße und treffen an einem Café und einer Apotheke auf die Markierung des Weinsteigs. Die Burgstraße bringt uns zu den **Kuranlagen**, 208 m (30 Min.), an deren Beginn wir links bis zum Waldrand gehen – und kurz Burg Trifels erblicken.

Links vom Wanderparkplatz steigen wir im Wald auf. Bald nach Osten, kreuzen wir ein Teersträßchen nach links, vollziehen – schon fast auf der Höhe – einen Rechtsbogen und erreichen ab einer markanten dreifachen Eiche mit

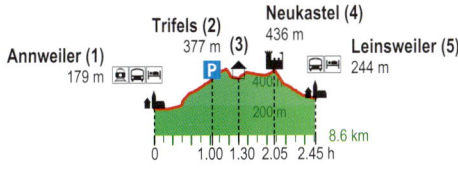

Pfälzer Weinsteig

nun verminderter Steigung den (gebührenpflichtigen) **Parkplatz (2)**, 377 m, und das Restaurant Barbarossa unterhalb der **Burg Trifels** (45 Min., ca. 20 Min. Aufstieg zur Burg, Zeitaufwand mit Besichtigung ca. 1.30 Std.).

> *Die **Reichsburg Trifels** ist salischen Ursprungs und wurde von den staufischen Kaisern, für die die Burg einen wichtigen Stützpunkt während ihrer Regentschaften »aus dem Sattel« darstellte, aus- und umgebaut. Im 12. und 13. Jh. wurden die Reichskleinodien hier aufbewahrt, deren Kopien heute präsentiert werden. (Die Originale befinden sich in Wien.) Die Stauferkaiser hielten auch gerne ihre Gegner auf dieser sicheren Burg gefangen. Der berühmteste von ihnen ist der englische König Richard Löwenherz, der 1193 auf der Rückreise vom Dritten Kreuzzug als Geisel festgesetzt wurde. Mit dem enorm hohen Lösegeld von 23 Tonnen Silber eroberte Heinrich VI. das Normannenreich in Süditalien und Sizilien und ließ den sagenhaften Normannenschatz mit 150 Saumtieren auf den Trifels bringen. Die Bedeutung der Reichsburg endete mit den Staufern. Unter den Nationalsozialisten wurde die halb verfallene Burg in monumentalem Stil teilweise wieder aufgebaut.*

Burg Trifels.

Pfälzer Weinsteig

Wir steigen links vom Restaurant parallel zur Straße zu den Felsen der Burgruinen Anebos und Scharfenberg (Münz) auf. Dabei können wir uns auch vom Buntsandstein-Wanderpfad leiten lassen, der uns einige Informationen liefert. Am Felsenfenster wird ein Rundweg um Anebos angeboten (etwa 20 Min. auf schmalem Pfad), der sich schon allein wegen des grandiosen Blicks auf Burg Trifels lohnt. Von der **Burg Anebos**, 482 m, sind nur noch der Burgfelsen und der Burggraben zu sehen.

Am Felsenfenster wechselt der Weinsteig auf die Westseite der Felsen (kürzer: man bleibt östlich und läuft unter der beeindruckenden senkrechten Wand des Felsens entlang, auf dem die Ruine Scharfenberg thront) und umläuft den Berg im Linksbogen bis zum **Parkplatz Ahlmühle (3)**, 375 m (25 Min. bzw. 45 Min. einschließlich Umrundung Anebos, Schutzhütte).

Wir queren den Parkplatz und folgen einem breiten Schotterweg durch Laubwald etwa 1 km lang bis zu einer mit Eichen bestandenen Wegspinne. Hier gehen wir, begleitet vom Keschdeweg, geradeaus bis zu einem Rastplatz unter einer Eiche. Der Weg verengt sich zu einem Pfad und sogleich beginnt der kurze Aufstieg zur **Ruine Neukastell (4)**, 436 m, zuletzt über eine steile Metallleiter (35 Min., grandioses Panorama von der Aussichtsplattform). Anschließend steigen wir in 10 Min. zum **Slevogthof**, 346 m, ab (Blick über die südliche Weinstraße und auf die nicht ganz im Oberrheingraben versunkene tertiäre Kalkscholle der Kleinen Kalmit).

> *i* *Burg Neukastell war wie der Trifels Reichsburg und ging wie dieser in den Besitz des Herzogtums Pfalz-Zweibrücken über. Sie wurde im Dreißigjährigen Krieg schwer beschädigt und 1689 im Pfälzischen Erbfolgekrieg durch die Truppen Ludwigs XIV. geschleift, sodass heute lediglich noch der gewachsene Felsen zu sehen ist.*
>
> *Der **Slevogthof** ist das ehemalige Hofgut von Burg Neukastell. Im Jahre 1914 wählte der impressionistische Maler Max Slevogt (1868–1932) den Hof zu seinem zu seinem Landsitz. Seine Erben betrieben später hier ein Restaurant. Im Jahre 2011 verkauften die Erben den Hof, der seitdem nicht mehr für die Öffentlichkeit zugänglich ist.*

Am Ende des Zufahrtsweges folgen wir den Wegweisern »Feriendorf« und »Kneippbecken« in einen Pfad, der zunächst am Waldrand entlangläuft, dann durch Kastanienwald und in ein Wohngebiet hinein, in einem Linksbogen geht es zu Tal. Wer seine Wanderung in Leinsweiler beenden will, folgt der Trifelsstraße bis in das Zentrum von **Leinsweiler (5)**, 244 m (30 Min., Einkehr, Bushaltestelle; alter Ortskern mit Fachwerkhäusern, Dorfbrunnen von 1581 und Rathaus mit Arkadenhalle von 1619).

Wer seine Wanderung nach Klingenmünster fortsetzen will, biegt direkt hinter dem Kneippbecken von der Trifelsstraße rechts in einen Betonweg ein und umgeht Leinsweiler südlich (siehe WS 10).

Pfälzer Weinsteig

WS10 Von Leinsweiler nach Klingenmünster

3.00 Std.
11,1 km

Wo die Weinstraße am schönsten ist

Waldreiche Wanderung zwischen zwei Weindörfern und vorbei an zwei Burgen mit Ausblicken über das Rebenmeer.

Auf der Madenburg.

Ausgangspunkt: Leinsweiler, 244 m. Erreichbar mit Bus 530 ab Landau-Hbf., Mo–Fr stündlich, So/feiertags 1. Bus ab 13.02 Uhr. Mit dem Auto über B 10, Ausfahrt Birkweiler – Deutsche Weinstraße. Parken: Trifelsstraße bis Kneippbecken.
Endpunkt: Klingenmünster, 168 m. Rückfahrt mit Bus 531 oder 540 nach Landau-Hbf., Mo–Fr zweimal stündlich, Sa/So/feiertags einmal stündlich. Taxi Bad Bergzabern: Tel. 06343/4763. Mit dem Auto (Parken an der Klingbachhalle) über die Weinstraße.
Höhenunterschied: Aufstieg ca. 330 m, Abstieg 410 m.
Anforderungen: Leichte und kurze Wanderung.
Einkehr: Leinsweiler; Madenburg (April–Okt. 11.30–19 Uhr, bei schlechtem Wetter bis 17 Uhr, Mo ist die Burg geschlossen; Winter: 11.30–17 Uhr, Mo/Di Ruhetag, Tel. 06345/7110); Bergschänke Ruine Landeck (Di/Mi, Fr–So 11.30–17 Uhr, Tel. 06349/8744); Klingenmünster.
Unterkunft: Leinsweiler siehe WS 9. Klingenmünster (Vorwahl 06349): Kat. III: HR Keysermühle (www.stiftsgut-keysermuehle.de, Tel. 99390). Kat. II: P Café Brutsch (Tel. 6353).
Information: Büro für Tourismus Leinsweiler siehe WS 9. Klingenmünster – Tourismusbüro (Im Stift 11, 76889 Klingenmünster, www.klingenmuenster.org, info@klingenmuenster.org, Tel. 06349/928092).
Tipps: Johannisfeuer auf der Madenburg zur Sommersonnenwende (ca. 3. Wochenende im Juni); Landeckfest am letzten Wochenende im Juni; Weinfest am 1. Wochenende im August in Klingenmünster.

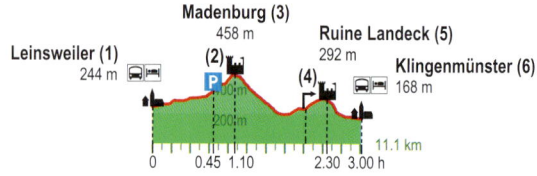

Wir starten im Ortskern von **Leinsweiler (1)** und gehen in das Tal Richtung Feriendorf. (Wer am **Leinsweiler Hof** beginnt, quert die Weinstraße Richtung Waldrand und trifft nach ca. 300 m auf die Markierung des Weinsteigs.) Unmittelbar vor der Kneippanlage folgen wir scharf links einem Betonweg. Am Waldrand und an einer Bank unter einem Baum verlassen wir den Betonweg nach rechts zugunsten eines Grasweges und steigen durch Rebhänge zu einer Stromleitung auf. Mit Blick auf Leinsweiler, den Slevogthof und die Kleine Kalmit folgen wir der Stromleitung nach links. Wo der Grasweg an einem Teerweg endet, erklimmen wir dessen Böschung auf einem winzigen Steiglein und folgen geradeaus einem Betonweg durch Weinberge. Nach ca. 200 m biegen wir rechts in einen Schotterweg ein, der uns in den Wald leitet. An einem Rastplatz zweigt der Weinsteig links in einen schönen, fast eben verlaufenden Weg ab. Nachdem ein Sträßchen gekreuzt wurde, führt zuletzt ein Hohlweg zum **Parkplatz (2)**, 355 m, unterhalb der Madenburg (60 Min., Rastplatz, Pieta-Häuschen). Nun geht es steil zur **Madenburg (3)**, 458 m, hinauf (20 Min., Einkehr in der Burgschänke, kleines Museum, Panorama der Oberrheinebene).

> *Auch die **Madenburg** war ursprünglich eine Reichsburg und hatte im Laufe ihrer im 11. Jh. beginnenden Geschichte die verschiedensten rechtmäßigen Besitzer und unrechtmäßigen Besatzer. So rückte der Mainzer Erzbischof die Burg erst wieder heraus, nachdem er gefangen genommen worden war. Die Burg war zeitweise im Besitz der Grafen von Leiningen und der Bischöfe von Speyer. Zerstörungen und Plünderungen erfuhr die Madenburg durch den Markgrafen von Brandenburg-Kulmbach und im Bauernkrieg. Im Dreißigjährigen Krieg hatten fast alle großen Kriegsparteien vorübergehend die Burg besetzt. Einmal mehr war es dem Sonnenkönig vorbehalten, die Burg – im Jahre 1693 – sprengen zu lassen. Sie wurde danach nicht wieder aufgebaut, sondern diente als Steinbruch. Insbesondere zwei Treppentürme im Stil der Renaissance bezeugen noch die Bautätigkeit der Speyerer Bischöfe.*

Pfälzer Weinsteig

Wir treten aus der Burg und folgen sogleich links einem Pfad in zahlreichen Kehren, aber moderatem Gefälle zu Tal. Am ersten querenden Waldweg gehen wir links, an einer winzigen Lichtung kurz rechts-links und an einer Schranke wieder links, bis wir das Kaiserbachtal erreichen. Die B 48 queren wir 30 m nach rechts. Ein Kiesweg führt aus dem Kaiserbachtal hinaus und an der Rückseite der Kaiserbacher Mühle vorbei. Vor einer Pferdekoppel nimmt uns nach rechts ein wenig einladender Kiesweg auf, der erst am Waldrand entlang, dann zwischen Wald und Klinik hindurchführt. Wir erreichen eine Asphaltstraße, eine Einfahrt zur Pfalzklinik und einen kleinen Parkplatz, 232 m (60 Min.). An diesem Abzweig »**Klinik**« **(4)** gehen wir rechts in den Wald und sogleich links hinauf. Der Weg bringt uns zur **Burg Landeck (5)**, 292 m (20 Min., Aussicht, Einkehr).

> *Der Zugang zur **Ruine** der ehemaligen **Reichsburg Landeck** führt über eine Holzbrücke (ursprünglich Zugbrücke), die den Halsgraben überspannt. Der Zwinger mit seinen Schlüssellochscharten ist dem Spätmittelalter zuzurechnen. Dahinter schützen eine gewaltige Mantelmauer und der 23 m hohe Bergfried die romanische Kernanlage aus der Stauferzeit. Die Burg über dem Eingang des Klingbachtales war möglicherweise auch zum Schutz der Abtei Klingenmünster angelegt worden.*

Burg Landeck.

Weinstraßenlandschaft bei Klingenmünster.

Nun steigen wir nach Klingenmünster ab, indem wir scharf rechts unter der Burgmauer dem schwarzen Punkt auf weißem Strich (Armbanduhr) ins Klingbachtal hinab folgen. Dort gehen wir links durch den Talgrund und vorbei an der Klingbachhalle und Parkplätzen in das Ortszentrum von **Klingenmünster (6)**, 168 m (20 Min., Bushaltestelle, Unterkunft, Einkehr: Café Rosinchen, Mi–So 12–18 Uhr, http://cafe-rosinchen.de).

> *Keimzelle von **Klingenmünster** war das Reichskloster, um das herum Bauern, Handwerker und Leibeigene des Klosters siedelten. Erst die Französische Revolution und die Eingliederung der Pfalz nach Frankreich führten zu einer Änderung der Machtverhältnisse und der sozialen Situation: Adel und Kirche verloren Privilegien und Besitz, Bürger und Bauern gewannen Bürgerrechte. Das Kloster wurde allerdings schon 1565 aufgelöst, als die Pfalz protestantisch wurde. Im Jahre 1857 entstand die »Klinik für Geisteskranke«, aus der sich das heutige Pfalzklinikum für Psychiatrie und Neurologie entwickelte. Neben der Burgruine Landeck sind als Sehenswürdigkeiten der Stiftsbereich mit der Klosterkirche und die spätromanische Nikolauskapelle südlich des Pfalzklinikums zu nennen. Im Wald westlich des Klinikums befinden sich die Reste der salischen Burg Schlössl und die Fliehburg Heidenschuh aus karolingischer Zeit.*

Pfälzer Weinsteig

Von Klingenmünster nach Bad Bergzabern

`3.30 Std.` `12 km`

Wir gehen baden

Endlich geht es durch die Weinberge und – dazu passend – durch die heimelige Winzergasse von Gleiszellen. Aber auch heute können wir es nicht lassen, durch den Wald zu streifen.

Ausgangspunkt: Klingenmünster-Zentrum, 168 m. Erreichbar mit Bus 531 oder 540 von Landau-Hbf., Mo-Fr zweimal stündlich, Sa/So/feiertags einmal stündlich. Mit dem Auto: A 65/AS 17 Landau-Süd – B 38 bis Appenhofen – L 493. Parken an der Klingbachhalle.

Endpunkt: Bad Bergzabern, 177 m. Rückfahrt mit Bus 540 ab Bf., Mo-Fr stündlich, Sa/So/feiertags zweistündlich. Oder mit Regionalbahn 54 nach Winden, Umstieg nach Landau oder Karlsruhe. Taxi: Tel. 06343/4763. Mit dem Auto (Parken nördlich des Bahnhofs) über die Deutsche Weinstraße (B 48) nach Klingenmünster.

Höhenunterschied: Aufstieg insgesamt ca. 340 m, Abstieg 330 m.

Anforderungen: Kurze und sehr leichte Tour mit schönen Einkehrmöglichkeiten.

Einkehr: Klingmünster; Gleiszellen in der Winzergasse; Ristorante Wappenschmiede vor Pleiswiler (Tel. 06343/1331); Oberhofen: Weinstube Brendel (Tel. 06343/8450, www.weingut-brendel.de, Fr/Sa/Mo ab 17 Uhr, So ab 16 Uhr); Pleiswiler: Schoggelgaul (Tel. 06343/7900, tägl. ab 17 Uhr, So auch 12–13.30 Uhr, Mo/Di geschlossen); Bad Bergzabern.

Unterkunft: Klingenmünster siehe WS 10. **Gleiszellen-Gleishorbach** (Vorwahl 06343): Kat. V: HR Südpfalz-Terrassen (www.suedpfalz-terrassen.de, Tel. 70000); HR »Zum Lam« (www.zum-lam.de, Tel. 939212). Kat. II: P Schwerdfeger (Tel. 8632). **Pleisweiler-Oberhofen:** Kat. III-IV: HR Landhotel Hauer (www.landhotel-hauer.de, Tel. 06343/700700). **Bad Bergzabern** (Vorwahl 06343): Kat. IV/V: HR Luise und Luisenpark (Tel. 92610, www.luisenpark.de). Kat. III-IV: HR Seeblick (www.hotelpension-seeblick.de, Tel. 7040); HR Kurparkblick (www.hotel-kurpark.com, Tel. 9510413); HR Pfälzer Wald (www.hotel-pfaelzerwald.de, Tel. 98919-0). Kat. II-III: P Schönblick (www.gaestehausschoenblick.de, Tel. 1673). Südpfalz Jugendherberge (Tel. 8383).

Information: Tourismusverein Südliche Weinstraße Bad Bergzabern e.V. (Kurtal-

Pfälzer Weinsteig

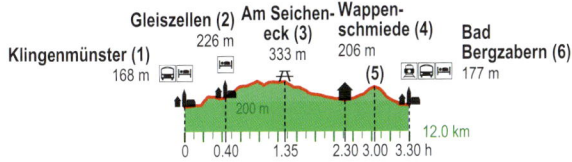

str. 27, 76887 Bad Bergzabern, www.bad-bergzaberner-land.de, info@bad-bergzaberner-land.de, Tel. 06343/98966-0).
Tipps: Weinfest in der Winzergasse **Gleiszellen** zweites Wochenende im September; Besuch der Südpfalz Therme in **Bad Bergzabern** (www.suedpfalz-therme.de, Tel. 06343/9340-10); Altstadtfest am ersten Wochenende im Juni und Kurparkfest im September; Kulturveranstaltungen im Haus des Gastes in Bad Bergzabern.

Landschaftsfenster bei Gleiszellen.

Gasthaus zum Engel (Renaissancebau) in Bad Bergzabern.

Wir starten an der Hauptkreuzung B 48 (Weinstraße) mit der L 493 (Steinstraße) im Zentrum von **Klingenmünster (1)**, gehen 100 m entlang der Steinstraße und biegen in ihrer Rechtskurve links in die Grünanlage ab. Vorbei an der Klingbachhalle (Parken) verlassen wir vor dem Klingbachhof das Tal nach links und steigen auf einem anstrengenden Treppenweg etwa 60 Höhenmeter auf (Rückblick auf Klingenmünster, die Klinik und Burg Landeck). Am Rand der Weinberge angekommen, wählt der Weinsteig den unteren von zwei Graswegen. Unterhalb einer Sandsteinskulptur mit einem Landschaftsfenster und zwei Bänken wenden wir uns auf Gras und Schotter links abwärts und folgen dann rechts der Straße zum Hotel Südpfalz-Terrassen. Dort betreten wir die stimmungsvolle Winzergasse von **Gleiszellen (2)**, 226 m (45 Min., weinstraßentypische Restaurants und Weinstuben).

Nachdem wir die Winzergasse in einem Linkshaken durchlaufen haben, steigen wir rechts in der Bergstraße im Ort auf, bis wir zum **Hatzelbergbrunnen** kommen. Links oberhalb davon verläuft ein Schotterweg zwischen Bebauung und Wald. Bald wenden wir uns an einer Verzweigung nahe einem Brunnenhaus nach rechts in den Wald hinein. (Den breiten Schotterweg kann man vermeiden, wenn man links daneben die Trittspuren benutzt.) An der nächsten Gabelung, an der uns der weiß-blaue Strich nach rechts verlässt,

Pfälzer Weinsteig

gehen wir links und passieren einen Steinbruch. Rund 10 Min. später bietet sich links ein Pfad an, der im Linksbogen auf die andere Talseite zieht. Nach etwa 10 Min. mündet er in einen Schotterweg, der uns in 15 Min. zur Wegspinne **Am Seicheneck (3)**, 333 m, bringt (55 Min., Rastplatz, Rettungspunkt).

Der Weinsteig setzt sich nach links fort und führt in einem Rechtsbogen in ein Tal Richtung Sauhausbrunnen hinab. Kurz vor dem Talboden wenden wir uns scharf nach links und wandern talauswärts. Dabei bleiben wir zunächst diesseits des Baches. Wir fädeln in den breiten Sauhäuseltalweg ein und stoßen auf Schotter am Bach entlang nach 5 Min. auf einen Betonweg, dem wir links folgen. Auf glattem Belag wandern wir nun 15 Min. durch die feuchte, grün überwucherte Bachaue zur **Wappenschmiede (4)**, einer netten Einkehrmöglichkeit, 206 m (45 Min., Biergarten, italienische Küche).

Wir gehen auf dem Weg weiter und gelangen in ein Wohngebiet von **Pleisweiler**. Vor dem Friedhof steigen wir rechts hinauf in die Weinberge, gehen vor dem Wäldchen rechts und links herum zu einem Unterstand, dann rechts auf Betonpflaster und Schotter aufwärts weiter durch die Weinberge. Wir nutzen einen schönen Weg an Wald und Viehweiden entlang bis vor den **Liebfrauenberg (5)**, 297 m (30 Min.). Hier gehen wir links und nochmals links und entfernen uns durch Streuobstwiesen von dem Hof. Bereits wieder im Wald wählen wir den zweiten Erdweg rechts hinab. Anschließend verläuft der Weinsteig am Waldrand und oberhalb der Reben abwärts. An einem querenden Betonweg gehen wir rechts zunächst zwischen Wald und Reben, dann zwischen Wald und Häusern hinab zu einer Querstraße aus Betonpflaster. Hier rechts-links zur Kurtalstraße. Nach links erreichen wir das Zentrum von **Bad Bergzabern (6)**, 177 m (35 Min.), und nach weiteren 10 Min. durch die Marktstraße (Fußgängerzone) Bahnhof und Busbahnhof.

Wem die Wanderung zu kurz ist, kann sie gut 3 km bis Dörrenbach fortsetzen, dort übernachten oder mit der Buslinie 543 zurück nach Bad Bergzabern oder Klingenmünster fahren.

> *Bad Bergzabern* ist heilklimatischer Kurort und darf seit 1964 als Kneipp-Heilbad den Zusatz »Bad« tragen. Die Siedlung entwickelte sich ursprünglich um eine Wasserburg herum, deren Spuren verschwunden sind. Rudolf von Habsburg verlieh 1286 dem Ort die Stadtrechte. Seit 1394 kurpfälzisch, kam Bergzabern 1410 bei der pfälzischen Teilung zu Pfalz-Zweibrücken. Im Holländischen Krieg wurde die Stadt 1676 durch Truppen Ludwigs XIV. weitgehend zerstört. Die Herzöge von Pfalz-Zweibrücken ließen sich das barocke Schloss bauen. Am 10. Nov. 1792 hatten die Bürger endgültig genug von den Herzögen und beantragten den Anschluss an die Französische Republik. Nach dem Wiener Kongress wurde Bergzabern mit der Pfalz bis zum Ende des Zweiten Weltkrieges bayerisch. Sehenswert sind das Schloss und der mächtige Renaissancebau des Gasthauses Zum Engel.

Pfälzer Weinsteig

Von Bad Bergzabern zum Deutschen Weintor in Schweigen

4.40 Std. | 16 km

Weinseliger Abschluss des Pfälzer Weinsteigs

Auf unserer Wanderung durch geschlossenen Wald zum Deutschen Weintor oder bis ins Elsass berühren wir das Fachwerkdorf Dörrenbach, Relikte des Zweiten Weltkrieges und die Burgruine Guttenberg.

Ausgangspunkt: Bad Bergzabern, 177 m. Mit der Bahn: von Landau/Karlsruhe Umstieg in Winden auf RB 54, stündlich. Mit dem Auto von Norden A 65/AS 17 Landau-Süd – B 38; von Süden A 65/AS 20 Kandel-Nord – B 427; Parken nördlich des Bahnhofs.

Endpunkt: Schweigen, 218 m. Rückfahrt mit Bus 543 ab Weintor nach Bad Bergzabern, stündlich. – Rückfahrt mit

Rathaus ...

... und Wappen in Dörrenbach.

der Bahn über Wissembourg: Bus 543 nach Wissembourg-Bf./Gare, stündlich. RB 53 stündlich über Landau direkt nach Neustadt; nach Karlsruhe Umstieg in Winden.

Höhenunterschied: Aufstieg insgesamt ca. 490 m, Abstieg ca. 430 m.

Anforderungen: Mittelgebirgswanderung mit mittlerem Anspruchsniveau.

Einkehr: Bad Bergzabern; Dörrenbach; Schweigen-Rechtenbach.

Unterkunft: Bad Bergzabern siehe WS 11. **Dörrenbach** (Vorwahl 06343): Kat. II: P Sonnenhof (www.sonnenhof-doerrenbach.de, Tel. 8168); P Hau (Tel. 3605); P Haus am Kastanienwald (Tel. 931913). **Schweigen-Rechtenbach** (Vorwahl 06342): Kat. III: HR Schweigener Hof (www.schweigener-hof.com, Tel. 925-0). Kat. II: Gg Zur Linde (Tel. 7251); P Rebstöckel (Tel. 7151).

Information: Tourismusverein Südliche Weinstraße Bad Bergzabern e.V. siehe WS 11. Von April bis Oktober: Tourist-Information am Deutschen Weintor (www.schweigen-rechtenbach.de, Tel. 06342/6321).

Tipp: Dornröschenfest Mitte Juni und Dornröschen-Weihnachtsmarkt am 3. Adventswochenende in Dörrenbach.

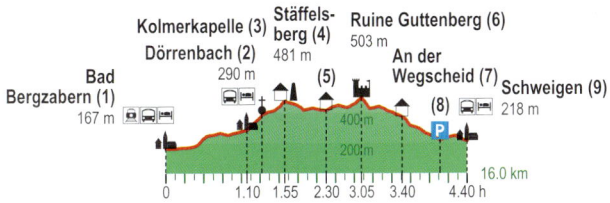

Pfälzer Weinsteig

Wir beginnen am Bahnhof von **Bad Bergzabern (1)** unsere letzte Etappe auf dem Weinsteig. Wir gehen zunächst zum Verkehrskreisel und dort in die Königstraße hinein. Wir passieren das Schloss und den prächtigen Renaissancebau des Gasthauses zum Engel und biegen mit der Königstraße links zur Marktkirche ein, die wir rechts bis zum Ende gehen. Die Weinstraße wird gequert und hinter dem Hotel Rössl folgen wir der Georg-Weber-Straße und dem Rötzweg in den Kurpark hinein. Ab Therme führt uns der Weinsteig weiter bis zu einem Parkplatz, wo wir links in den Wald aufsteigen. Eine kurze Episode zwischen Wald und Wein und durch Esskastanien-Wald vorbei an Schutzhütte und Rastplatz zum Ortsrand und schließlich zum Zentrum von **Dörrenbach (2)**, 290 m (75 Min.). Auf der Hauptstraße wenden wir uns nach rechts zur Wehrkirche und zum Rathaus des hübschen Fachwerkdörfchens.

> *Das Fachwerkdörfchen **Dörrenbach** wurde bereits im Jahre 1975 zum schönsten Dorf an der Deutschen Weinstraße gekürt. Seitdem hat es sich noch mehr herausgeputzt. Das Dorf hatte in seiner Geschichte verschiedene Besitzer, zeitweise auch mehrere gleichzeitig. Von 1680 bis 1733 und 100 Jahre später war es sogar französisch. Sehenswert sind die Fachwerkhäuser und insbesondere die mittelalterliche Wehrkirche sowie das 1590 erbaute Rathaus im Renaissance-Stil.*
> *Die **Kolmerkapelle**, die ihre heutige Gestalt im Wesentlichen zu Beginn des 19. Jh. erhielt, hatte mindestens seit dem 15. Jh. mehrere Vorgängerinnen. Jedes Jahr finden hier zwei Wallfahrten statt.*

Unser nächstes Zwischenziel ist die Kolmerkapelle, die wir gemäß Hinweisschild in 15 Min. erreichen können. Dazu steigen wir den Treppenweg an Wehrkirche und Friedhof empor, folgen der Schulstraße, orientieren uns am Johannes-Brunnen am Waldrand halb rechts und bei erster Gelegenheit halb links in den Wald hinein. Nach links werden wir zur **Kolmerkapelle (3)**, 391 m, geleitet, die Rast und Unterstand ermöglicht. Der Weiterweg führt zu Wegspinne und Rettungspunkt 6913-761, 416 m (Rastplatz, Brunnen, Stele von 1756). Die Markierungen weißes und grünes Dreieck begleiten uns aufwärts. Nach etwa 5 Min. verlassen wir den Weg nach rechts und wandern mitten durch einen aufgelassenen Steinbruch (großer Unterstand). Dort windet sich links ein kurzer Pfad zum Turm auf dem **Stäffelsberg (4)**, 481 m (45 Min., Schutzhütte, Rastplatz, Aussichtsturm), empor.

Vom Stäffelsberg steigt ein Schotterweg sehr kurz bis zur nächsten Wegkreuzung ab, an deren Rand ein großes, leeres Wasserbecken steht, das im Zuge des Westwalls gebaut wurde. Hier wandern wir geradeaus auf schönem Waldweg über den Rücken des Stäffelsberges. Wo der Weg an einem Rastplatz endet, senkt sich rechts ein Pfad in Kehren durch Kiefernjungwald ab zu einem Weg, der rechts zu einem Wegedreieck führt. Dort folgen wir der Forstpiste etwa 300 m nach links und biegen dann links in einen Weg ein, der durch die Südflanke des Farrenberges verläuft. Wir befinden uns

Pfälzer Weinsteig

hier auf dem Westwallweg. Die verschiedenen militärischen Anlagen aus dem Zweiten Weltkrieg und die Kriegsgeschichte der umliegenden Dörfer werden auf Tafeln anschaulich erläutert. Wir stoßen wieder auf die Forstpiste und überschreiten nach links einen ehemaligen Panzergraben zur Wegspinne **Drei Eichen (5)**, 420 m (35 Min., Schutzhütte, Wanderparkplatz).

Nun folgen wir dem Wegweiser »Mundatwald« auf breitem Weg und kommen kurz nach Eintritt in den Mundatwald zur Wegspinne mit dem Rettungspunkt 6913-770, 420 m (der ca. 150 m nahe Schlossbrunnen ist nicht lohnend). Wir wenden uns an der Wegspinne 20 m nach links und steigen rechts entgegen dem Uhrzeigersinn auf einem Pfad zur **Burgruine Guttenberg (6)** auf, 503 m (30 Min., Ausblick).

> *i* **Burg Guttenberg** *wurde als staufische Reichsburg erstmals 1150 erwähnt. Im Jahre 1525 wurde sie im Bauernkrieg vom lothringischen Bauernhaufen zerstört und nicht wieder aufgebaut. Von 1949 bis 1986 stand sie mit dem Mundatwald unter französischer Verwaltung.*

Burgruine Guttenberg.

Pfälzer Weinsteig

Nachdem wir die Ausblicke genossen haben, setzen wir unsere Beinahe-Umrundung der Burgruine entgegen dem Uhrzeigersinn fort. Wir wählen den ersten Pfad rechts hinab und gelangen zu einem schattigen Rastplatz (Drei Buchen). Jetzt folgen wir dem mit der Armbanduhr (schwarzer Punkt auf weißem Strich) markierten Weg nach links. Ab hier benötigen wir noch eine knappe halbe Stunde bis zur Wegspinne **An der Wegscheid (7)**, 377 m (30 Min., Schutzhütte).

Pfälzer Weinsteig

Hier verlassen wir den Weg nach links in den Fichtenwald zugunsten eines schmalen Weges, der zu einem Pfad schrumpft und abwärts verläuft. Dem ersten Querweg folgen wir rechts und werden vom ihm erst nach 20 Min. erlöst, wenn uns ein Pfad ins Tal und zu einem Weiher am Ortsrand von **Rechtenbach (8)**, 223 m (30 Min., Rastplatz, Parkplatz), hinableitet.

Wir gehen ein Sträßchen aufwärts, biegen am Friedhof links hinauf ab, wandern auf Gras, dann kurz nach rechts auf Asphalt zum Waldrand und zwischen Wald und Reben nach Süden. An der Verzweigung der Teerwege, an einem Rastplatz, wählen wir den linken Weg und an einer weiteren Verzweigung, an einem Fass mit dem Schutzheiligen der Reben, St. Urban, gehen wir links nach Schweigen hinein. Wer sich die Zeit nimmt, kann auf dem Weinlehrpfad allerlei Wissenswertes über Wein, Weinbau und seine Geschichte lernen. Der Weinsteig endet am **Deutschen Weintor (9)**, 218 m, in **Schweigen** (25 Min., Einkehr).

> *Das gegen die nahe französische Grenze gerichtete **Deutsche Weintor** wurde 1936 von den nationalsozialistischen Machthabern erbaut. Ein Jahr zuvor schufen sie den Begriff der **Deutschen Weinstraße** für die Straßenverbindung von Bockenheim im Norden bis Schweigen im Süden durch die Weinberge entlang des Haardtgebirges vor allem als Marketinginstrument zur Förderung des Weinabsatzes und des Fremdenverkehrs, was sich bis heute als erfolgreich erweist. Die Straße wurde später ergänzt um den Wanderweg Deutsche Weinstraße und den Radweg Deutsche Weinstraße. Die »Deutsche Weinstraße« ist heute ein Landschaftsbegriff für das Rebenmeer im Vorland des Pfälzerwaldes.*

Besuch von Weißenburg: Vom Weintor kann das sehenswerte elsässische Städtchen Weißenburg/Wissembourg in wenigen Minuten mit dem Auto oder dem Bus erreicht werden.

Oder man wandert, geleitet vom gelben Strich, in 30 Min. durch Weinberge in das Tal der Lauter hinab: vom Weintor kurz nach Süden, am Schweigener Hof rechts in die Hauptstraße, an der Kirche links aus dem Ort in die Weinberge. Nach dem letzten Haus von Schweigen überschreiten wir die deutsch-französische Grenze und werden darüber informiert, dass es nach Santiago de Compostela noch 2417 km sind, wenn wir der Jakobsmuschel folgen. An die Weinberge schließen sich Wohnstraßen von Weißenburg an, bis wir uns den grünen Wällen der ehemaligen Stadtbefestigung gegenübersehen.

Ziemlich direkt queren wir den Stadtgraben und steigen auf die Krone des Walls. Uns zu Füßen liegt die Altstadt, die von zwei Kirchen dominiert wird. Die Besichtigung der Altstadt von **Weißenburg**, 160 m (30 Min.), ist ebenso lohnenswert wie ein Spaziergang über die Remparts (Wallanlagen) bis in die westliche Vorstadt.

Weißenburg.

Pfälzer Waldpfad

Von Kaiserslautern durch das Zentrum des Pfälzerwaldes und das Dahner Felsenland zur elsässischen Grenze bei Schweigen

Der **Pfälzer Waldpfad** verläuft von Kaiserslautern bis zum Deutschen Weintor in Schweigen diagonal durch den Pfälzerwald, das größte zusammenhängende Waldgebiet Deutschlands. Die 142 km lange Strecke wird in diesem Führer in 11 Etappen unterteilt. Im Norden sind Wanderer umgeben von flächendeckenden Wäldern mit teils wertvollen Eichenbeständen. Die kühlen Wälder machen das Wandern auch an heißen Sommertagen erträglich. Nach Süden treten Felsen und offene Landschaft immer mehr hervor. Des Öfteren werden Aussichtspunkte berührt. Der Abschnitt des Pfälzer Waldpfades zwischen Hauenstein und Erlenbach ist zweifellos am attraktivsten. Mit ihren Felstürmen und -wänden ist die Südpfalz auch ein Dorado für Kletterer, das alle Schwierigkeitsgrade aufweist. Um den Reiz des Dahner Felsenlandes gründlich auskosten zu können, werden in dieser Region relativ kurze Etappen vorgeschlagen. Schmale Pfade erfordern dort auch schon einmal geringfügig Trittsicherheit und Schwindelfreiheit. Wer möchte, kann im Wasgau gut eine Woche lang auf Premiumwegen wandern und hat dabei die Auswahl vom Halbtagesausflug bis zur Fünf-Tage-Tour.

Es wird empfohlen, den **Pfälzer Waldpfad** – wie hier beschrieben – von Norden nach Süden zu begehen, weil der Erlebniswert der Landschaft in dieser Richtung zunimmt. Die Übernachtungskapazitäten sind an einigen Etappenorten ziemlich begrenzt, eine rechtzeitige Reservierung ist daher angeraten. Auch die Erreichbarkeit mit öffentlichen Verkehrsmitteln ist lokal und zeitlich eingeschränkt. Deshalb bedürfen Zeitpunkt und Ablauf der Etappenwanderungen einer konkreten Planung.

Das Logo des **Pfälzer Waldpfads**, in dem der Wald durch die grüne Farbe und das Blatt symbolisiert ist, zeigt sich unterwegs in stark vereinfachter Form.

Tipps für **Schlechtwetteraktivitäten** finden sich bei den einzelnen Etappen. Neben der Stadt Kaiserslautern sind hier insbesondere zu erwähnen:

- Haus der Nachhaltigkeit in Johanniskreuz; Deutsches Schuhmuseum, Gläserne Schuhfabrik und Schuhmeile in Hauenstein; Felsland Badeparadies in Dahn; Burg Berwartstein; das elsässische Städtchen Weißenburg.
- Außerhalb des Wandergebietes: Biosphärenhaus mit Baumwipfelpfad in Fischbach (Tel. 06393/921 00); Dynamikum in Pirmasens (Tel. 06331/239 43-0); Besucherbergwerk Eisenerzgrube Nothweiler (Tel. 06394/1202).

Auf dem herbstlichen Pfälzer Waldpfad.

Pfälzer Waldpfad

WP1 Von Kaiserslautern zum Naturfreundehaus Finsterbrunnertal

4.30 Std.
16,7 km

Aufbruch in der Stadt Kaiser Barbarossas

Wir wandern hoch über Kaiserslautern durch das Naherholungsgebiet der Stadt und durch schattig-finstere Wälder bis ins Finsterbrunnertal.

Martinsplatz in Kaiserslautern.

Ausgangspunkt: Kaiserslautern, Hbf., 248 m. Erreichbar mit Bahn: ICE/IC-Halt, S-Bahn von Mannheim im Halbstundentakt; Bahnstrecke Bingen–Bad Kreuznach–Kaiserslautern–Pirmasens. Mit dem Auto: A 6 und A 63, Parken auf Parkplätzen an der Bremer Straße (südlich des Hbf.).
Endpunkt: Naturfreundehaus Finsterbrunnertal, 286 m. Rückfahrt mit dem Zug ab Bahnhof Schopp (Fahrdienst ab NH möglich) oder Buslinie 170 ab Stelzenberg. Mit dem Auto über B 270.
Höhenunterschied: Aufstieg ca. 370 m, Abstieg ca. 330 m.
Anforderungen: Eher weniger anstrengende Mittelgebirgswanderung.
Einkehr: Kaiserslautern; Bremer Hof (5 Min. abseits); NH Finsterbrunnertal.
Unterkunft: Kaiserslautern: Information und Buchung bei der Tourist-Information Kaiserslautern (siehe »Information«). Naturfreundehaus Finsterbrunnertal (Kat. II: auch Camping am Haus, www.naturfreundehaus-finsterbrunnertal.de, Tel. 06306/2882).
Information: Tourist-Information Kaiserslautern (Fruchthallenstraße 14, 67655 Kaiserslautern, touristinformation@kaiserslautern.de, www.kaiserslautern.de, Tel. 0631/3652316).
Tipps: Kaiserslautern: Stadtrundfahrten und Stadtführungen zu verschiedenen Themen (Tourist-Information); Museum Pfalzgalerie (Malerei und Plastik des 19.–21. Jh., Tel. 0631/3647-201); Japanischer Garten (1.5.–31.10., www.japanischergarten.de, Tel. 0631/370660); Bad und Saunawelt Monte Mare (Tel. 0631/30380); Wildpark Betzenberg (täglich geöffnet).

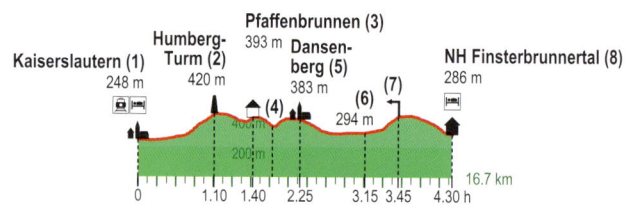

Pfälzer Waldpfad

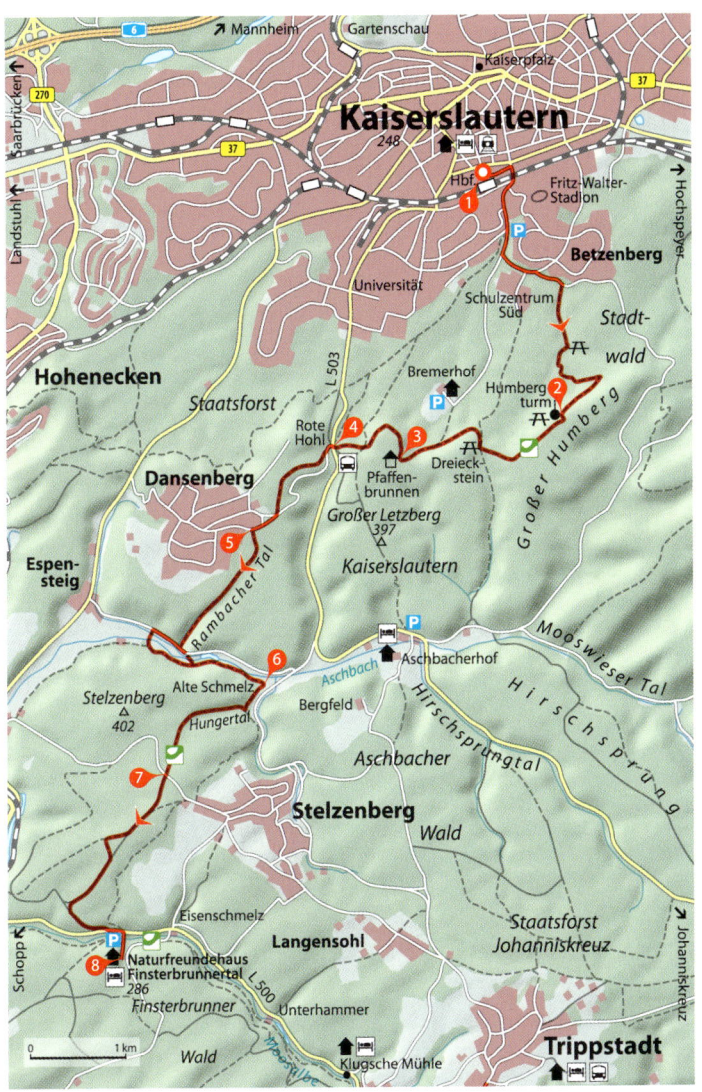

Pfälzer Waldpfad

[i] *Das Gebiet um **Kaiserslautern** war wohl schon in der Jungsteinzeit besiedelt. Für das Jahr 870 n. Chr. ist eine Villa Luthra erstmals urkundlich nachgewiesen. Ab 1152 ließ Kaiser Friedrich I. Barbarossa eine Pfalz errichten. Rudolf von Habsburg verlieh 1276 die Stadtrechte. Kaiserslautern wurde 1375 an die Kurpfalz verpfändet. Johann Casimir baute neben der Kaiserpfalz 1571 ein Renaissanceschloss. Im Dreißigjährigen Krieg wurde auch Kaiserslautern mehrfach von Truppen besetzt und im sogenannten Kroatensturm 1635 zerstört. Im Pfälzischen und im Spanischen Erbfolgekrieg besetzten Truppen Ludwigs XIV. die Stadt und sprengten Schloss und Pfalz. Im Revolutionsjahr 1849 residierte hier eine provisorische Regierung, die die Unabhängigkeit der Pfalz von Bayern propagierte. Kaiserslautern mit seinen ca. 100.000 Einwohnern wurde 1970 Universitätsstadt.*

Von der Kaiserpfalz sind nur noch Fundamente, wenige Mauerreste und Fluchtgänge, vom Schloss nur der die Ruinen überspannende Casimirsaal übrig geblieben. Die Stiftskirche gilt als bedeutendste spätgotische Hallenkirche Südwestdeutschlands. Angenehmen Aufenthalt bietet im Sommer der Martinsplatz in der Altstadt.

Der Waldpfad beginnt offiziell am Haupt-(Nord-)ausgang des Hauptbahnhofs vom **Kaiserslautern (1)**. Wir wenden uns nach rechts und treffen auf eine Gruppe Fußballspieler und – nachdem wir die Bahnunterführung benutzt haben – im Verkehrskreisel auf eine zweite Gruppe. Interessierte sollten die Namen der Spieler erraten können. Über allem thront das Fritz-Walter-Stadion auf dem Betzenberg (»Betze«) als Sinnbild dafür, welche Bedeutung der Fußball für die Stadt immer noch besitzt. Halb rechts folgen wir

Blick auf Kaiserslautern.

Pfälzer Waldpfad

der Bremer Straße, die wir vom Südausgang des Hauptbahnhofs auch auf kürzerem Weg hätten erreichen können. Wir benutzen bald die in Gehrichtung linke Seite der Straße und kommen an Dauerparkplätzen vorbei. Im Linksbogen gehen wir Richtung Schulzentrum-Süd (Kantstraße) und bevor die Straße nach links hinauf unseren Blicken entschwindet, queren wir sie und wandern am Rettungspunkt -387 nicht über den breiten Weg, sondern auf dem in geringem Abstand parallel verlaufenden Waldpfad.

Pfälzer Waldpfad

Auf diesem biegen wir nach ca. 250 m rechts in das erste Tal (Biertal) ein und kommen – wiederum parallel zu einem breiten Weg – nach etwa 600 m an einem Rastplatz zu einer Wegverzweigung. Wir biegen rechts ein, nach ein paar Metern queren wir einen breiten Weg und steigen, begleitet von einem gelben und einem blauen »W« der Westpfalz-Wanderwege, mit leichten Schwenks auf einem Pfad, später auf einem Waldweg, weiter, wobei es zunächst über einen Rücken und dann durch einen Hang geht. Wir kreuzen einen breiten Querweg und folgen rechts in spitzem Winkel dem Waldweg zum **Humberg-Turm (2)**, 420 m (70 Min., Rastplätze), hinauf. Der 35 m hohe Turm ist jederzeit über eine Wendeltreppe mit 164 Stufen besteigbar und bietet eine Rundumsicht über Kaiserslautern und den Pfälzerwald.

Wir schreiten auf breitem Weg fast eben Richtung »Rote Hohl« bis zu einer Wegspinne. Rechts verläuft ein ausgewaschener Weg abwärts zum **Dreieckstein**, 387 m (Rastplatz; Grenzstein – Stadt Kaiserslautern, Kurpfalz, Bremer Stiftswald – von 1786). Auf einem Pfad gelangen wir zum Naturdenkmal **Pfaffenbrunnen (3)**, ca. 393 m (30 Min., kleine Schutzhütte, Rastplätze). Sofern die Quelle schüttet, stürzt das Wasser über eine künstlich angelegte Felsrinne zu Tal. Anschließend folgen wir dem Brunnenweg/Panoramaweg mit Ausblicken auf Kaiserslautern. Schließlich senkt sich ein Pfad zur **Roten Hohl (4)**, 333 m, hinab (15 Min., Straßenpass, Brunnen, einge wenige Parkmöglichkeiten, Haltestelle Buslinie 150 Trippstadt – Kaiserslautern).

Wir setzen unsere Wanderung links auf dem Seitenstreifen der Straße fort,

An der Roten Hohl.

bis wir nach wenigen Metern an der gegenüberliegenden Straßenseite eine Treppe emporsteigen können. (Sehr gefährliche Querung der viel befahrenen Straße an unübersichtlicher Stelle! Auch auf Fahrgeräusche achten!)

Ein Pfad leitet geradeaus durch den Wald. Am nächsten Sträßchen orientieren wir uns 10 m nach links und gegenüber in einen Weg, der parallel zur Straße Richtung Dansenberg zieht. Nach gut 10 Min. scheren wir an zwei Bänken links aus zu einer Straßen- und Wegekreuzung. Wir wählen die zweite Straße rechts bis zu einer Wegespinne am Rande von **Dansenberg (5)**, 383 m (30 Min., Spielplatz, Rettungspunkt -362). Vor dem Spielplatz wenden wir uns nach links und wandern etwa 1,5 km das Rambacher Tal hinab. Nachdem wir mehrere Teiche passiert haben, biegen wir rechts auf breitem Schotterweg in das Aschbachtal ein, wechseln nach einer Hütte die Talseite und wandern talaufwärts.

Abkürzungsmöglichkeit: Bei Eintritt in das Aschbachtal gehen wir auf dem Schotterweg links anstatt rechts, überqueren den Damm des Jagdhausweihers und steigen zu einem Weg hinauf, sind wieder auf dem Waldpfad und gehen nach links zur **Alten Schmelz (6)**, 294 m (55 Min.), an der K 4. Hier nimmt uns zunächst nach rechts der Radweg Richtung Stelzenberg auf. Nach gut 5 Min. werden wir scharf rechts auf einen Grasweg verwiesen (vorher könnten wir geradeaus durch die Koppeln bis zu einem aufgelassenen Tennisplatz abkürzen). Vom ehemaligen Tennisplatz leitet

Humberg-Turm.

ein zunächst breiter Grasweg in das steiler und enger werdende Hungertal. Auf überdecktem altem Natursteinpflaster, das auf eine größere Bedeutung des Weges in der Vergangenheit hinweist, passieren wir den winzigen Hungerbrunnen. Nach Austritt aus dem Tal setzen wir unsere Wanderung an einer Wegspinne halb links (lokaler Weg Nr. 2) auf kaum wahrnehmbarem Weg durch Hochwald fort.

An einer querenden Forstpiste, die nach **Stelzenberg (7)**, 402 m (30 Min.), führt, folgen wir geradeaus einer Schotterpiste, die in eine geschotterte Forststraße mündet. An der nächsten Gabelung gehen wir rechts, am nächsten Waldweg nach ca. 300 m links, an der querenden Forstpiste rechts bis zu einem Dreieck breiter Wege, dort links und nach ca. 200 m rechts auf einem grasüberwachsenen Pflasterweg talwärts. Etwa 100 m vor der L 500 gelangen wir links auf einen Pfad. So vermeiden wir es, an der Straße entlang zu müssen. Wir können den schönen Pfad aber nur kurz genießen, denn bei der ersten Gelegenheit steigen wir mit der Markierung der Naturfreunde ins Hammertal ab, wo wir uns eine Übernachtung oder wenigstens eine Einkehr im **Naturfreundehaus Finsterbrunnertal (8)**, 286 m, verdient haben (40 Min.).

Pfälzer Waldpfad

Vom Naturfreundehaus Finsterbrunnertal nach Johanniskreuz

3.00 Std.
11,7 km

Zum Knotenpunkt des Pfälzerwaldes

Auf leichten und schönen Wegen wandern wir durch das Moosalbtal, das felsige Karlstal und vorbei an der Quelle der Moosalb nach Johanniskreuz hinauf.

Ausgangspunkt: Naturfreundehaus Finsterbrunnertal, 286 m. Erreichbar mit der Bahnlinie Kaiserslautern–Pirmasens bis Bf. Schopp oder Buslinie 170 bis Stelzenberg. Mit dem Auto über B 270 von Kaiserslautern.
Endpunkt: Johanniskreuz, 470 m. Rückfahrt mit ÖPNV: nur 4.4.–22.10., nur Mi/So/feiertags: Buslinie 135 nach Hochspeyer-Bf.; Linie 517 nach Neustadt-Hbf. Nur So/feiertags Linie 170 über Trippstadt nach Kaiserlautern-Hbf. Mit dem Auto über L 500.

Karlstalschlucht.

Höhenunterschied: Aufstieg insgesamt ca. 210 m, Abstieg ca. 30 m.
Anforderungen: Leichte Talwanderung.
Einkehr: NH Finsterbrunnertal (täglich ab 10 Uhr, Tel. 06306/2882); Café Unterhammer (Tel. 06306/701460, www.unterhammer.com); Klugsche Mühle (täglich ab 10 Uhr, Tel. 06306/ 312); HR Immenhof in Trippstadt-Bartelsberg (ab 17 Uhr, So/feiertags auch 11.30–14 Uhr, Mo/Di Ruhetag, Tel. 06306/309); Trippstadt; Johanniskreuz – Café-Restaurant Nicklis (im Sommer ab 11 Uhr, Mo/Di Ruhetag).
Unterkunft: Trippstadt (Vorwahl 06306): Kat. III: HR Zum Schwan (www.schwan-trippstadt.de, Tel. 92130). Kat. II: Hotel Schlossgarten (www.schlossgarten-trippstadt.de, Tel. 9922720); P Kramm (pension.kramm@web.de, Tel. 921550). Camping – Sägmühle (www.saegmuehle.de, Tel. 921 90). **Johanniskreuz:** Kat. I: GR Waldesruhe in **Elmstein-Schwarzbach**, 15 Min. zu Fuß, www.pfaelzerwaldwaldesruhe.de, Tel. 06306/338).
Information: Zentrum Pfälzerwald Touristik (www.zentrum-pfaelzerwald.de, info @zentrum-pfaelzerwald.de, Tel. 0631/ 201610). Tourist-Information Trippstadt (Hauptstraße 57, 67705 Trippstadt, info@trippstadt.de, Tel. 06306/341).
Tipps: Trippstadt: Eisenhüttenmuseum mit Schmiedevorführungen; Begehung der Trippstadter Brunnenstollen (Abenteuer! Information: Tourist-Info Trippstadt); Warmfreibad von Mai bis Mitte September; Kohlenbrennerfest am ersten Wochenende im September. Haus der Nachhaltigkeit in **Johanniskreuz** (Anfang März bis Ende Okt. Mo–Fr 10–17 Uhr, www.hdn-pfalz.de, Tel. 06306/9210-130).

Vom Parkplatz des **Naturfreundehauses Finsterbrunnertal (1)** steigen wir, begleitet vom roten Kreuz und von drei »W« der Westpfalz-Wanderwege, kurz im Wald auf und gewinnen nach rechts einen Schotterweg, der in das Karlstal hineinführt. Hinter einem steinernen Rastplatz folgen wir der Moosalb entgegen ihrem Lauf auf einem Pfad. Tatsächlich ist es ein alter Damm, der auf einen ehemaligen Karrenweg hindeutet. In **Unterhammer (2)**, 291 m (30 Min.), werden wir mit der Industriegeschichte des Eisenhüttenwerks Trippstadt konfrontiert. Wir setzen unsere idyllische Wanderung nahe am Bach fort bis zur **Klugschen Mühle (3)**, 300 m (20 Min., Einkehr), wo uns Ziegen und Gänse begrüßen.

Nach etwa 500 m und Passieren der ehemaligen Mittelhammermühle treten wir in die **Karlstalschlucht** ein. Die Moosalb hat sich in diejenige harte Buntsandsteinschicht eingeschnitten, die nach dem Karlstal benannt ist. Unser Weg bleibt hart am Bach. Wer Lust verspürt, kann abweichend von unserem Waldpfad einige der Treppenwege begehen, die kreuz und quer, rauf und runter durch das Gewirr gefallener Felsen ziehen, und stößt dabei vielleicht auf eine Höhle, die einmal eine Klause war. In der Schlucht finden wir einen

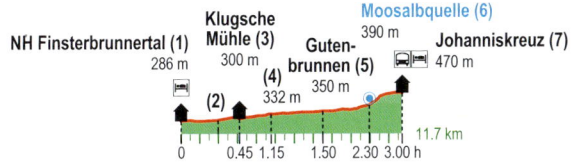

Schloss in Trippstadt.

Pavillon und einen Rastplatz sowie einen weiteren Rastplatz an ihrem Ende. Wir steigen nach links aus der Schlucht hinaus zur Straße (kleiner Parkplatz, Einkehr nach ca. 5 Min. Richtung Trippstadt im Restaurant Immenhof, weitere in Trippstadt).

Nun führt der Waldpfad nach rechts entlang der Straße. Um gefahrlos zu wandern, müssen wir unbedingt die Straßenseite wechseln! Hinter der Bushaltestelle biegen wir links ab in einen Fußweg zum **Haus am Jakobsweg (4)**, 330 m (30 Min.).

Zugang von und nach **Trippstadt:** Vom Haus am Weiher können wir, geleitet vom roten Strich, in gut 20 Min. nach Trippstadt aufsteigen. Wer in Trippstadt eingekehrt ist, übernachtet hat oder an der Bushaltestelle Bürgermeisteramt zur Wanderung startet, folgt der Hauptstraße vorbei an der Tourist-Information, dem Eisenhüttenmuseum und der Zentralstelle der Forstverwaltung Rheinland-Pfalz (ehemaliges Schloss) und biegt nach ca. 500 m links in die Schanzstraße ein. Der rote Strich leitet mäßig markiert auf schönen Waldwegen hinab zum Haus am Weiher.

Vom Haus am Weiher gehen wir zur Straßenkreuzung vor, schlüpfen zwischen Leitplanke und Weiher hindurch und über den Jung-Fern-Steg zum Erinnerungsstein »Uralte Schmelz«. Wir gehen rechts vorbei und folgen dem Moosalb-/Hüttental in Gehrichtung an seiner linken Seite. Nachdem wir Waldarbeiterhütten und einen Teich passiert haben, verbreitert sich die Aue, an deren Rand der Weg verläuft. Etwa 5 Min. hinter der kleinen Ansiedlung **Gutenbrunnen (5)**, 350 m (45 Min.), treten wir in den Wald ein. Gut 100 m nach dem Ritterstein »R. Amoenenhof« (Wüstung eines Hofgutes) folgen wir an der Wegspinne nicht der Rechtskurve des breiten Weges, sondern scharf rechts dem Grasweg. Wir kommen zu einem Weiher und wandern auf einem

Pfälzer Waldpfad

Pfad links an ihm entlang. Bald überqueren wir die Moosalb und gehen rechts des Baches zur **Moosalbquelle (6)**, ca. 390 m (40 Min.), wo wir unsere Füße kühlen können.

Bald danach endet die beschauliche Wanderung in der Talaue und es geht im Wald aufwärts. Kurz vor Erreichen der Straße steigen wir links einen Pfad zur L 499 empor. Von dort könnten wir Johanniskreuz an der Straße entlang direkt erreichen. Der Waldpfad beschreibt allerdings nach links einen weiten Bogen im Uhrzeigersinn (1 km länger). Auf breiten Waldwegen entfernen wir uns zunächst von unserem Ziel, werden dann mit Kreuzmarkierungen nach rechts geschickt. (Alle vom Pfälzerwaldverein mit einem Kreuz markierten Wege laufen über Johanniskreuz.) An der Straße gegenüber dem Haus der Nachhaltigkeit steht das steinerne **Johanneskreuz (7)**, 470 m (30 Min., Parkplätze, Bushaltestelle).

> *Johanniskreuz ist der zentrale Punkt im Pfälzerwald und Wasserscheide zwischen Rhein und Mosel. Rund um Johanniskreuz pflegt die Forstverwaltung Traubeneichen und erntet sie nach 250 bis 300 Jahren als sogenannte Werteichen, die sehr wertvolles Furnierholz liefern. Gleich ein ganzes Bündel von Straßen läuft hier zusammen. Bereits Kaiser Barbarossa dürfte auf seinen Reisen zwischen der Reichsburg Trifels und seiner Pfalz in Kaiserslautern den Weg über Johanniskreuz benutzt haben. Heute ist der Knotenpunkt vieler kurvenreicher Straßen besonders an Sommerwochenenden beliebter Treffpunkt der Motorradfreunde.*

Johanneskreuz.

Pfälzer Waldpfad

WP3 Von Johanniskreuz nach Heltersberg

3.50 Std.
14,4 km

Die Einsamkeit des Wanderers

Auf einsamen Waldwegen durch den Pfälzerwald von Johanniskreuz nach Heltersberg.

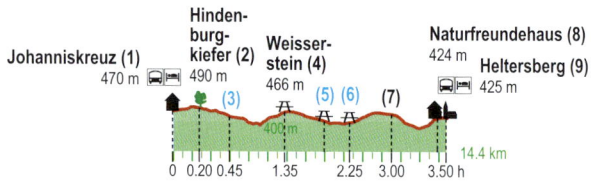

Ausgangspunkt: Johanniskreuz, 470 m. Erreichbar mit ÖPNV: nur April–Oktober Buslinie 135 ab Hochspeyer-Bf. und Buslinie 517 ab Neustadt-Hbf. (nur Mi/So/feiertags), Buslinie 170 von Kaiserslautern-Hbf. über Trippstadt nur So/feiertags. Mit dem Auto über B 48, mehrere Parkplätze.
Endpunkt: Heltersberg, 425 m. Rückfahrt mit ÖPNV: Bus 170 (außer So, nur sehr wenige Verbindungen); Mo-Fr Bus 246 nach Waldfischbach-Bf. an der Bahnstrecke Kaiserslautern – Pirmasens. Mit dem Auto über L 499.
Höhenunterschied: Aufstieg insgesamt ca. 250 m, Abstieg ca. 300 m.
Anforderungen: Leichte Wanderung überwiegend auf Waldwegen.
Einkehr: Johanniskreuz: Café Nicklis. Naturfreundehaus (NH) Heltersberg (Mi/Sa/So/feiertags ab 11 Uhr, Tel. 06333/64698); Heltersberg.
Unterkunft: Johanniskreuz siehe WP 2. **Heltersberg** (Vorwahl 06333): NH Heltersberg (www.naturfreunde-heltersberg.de, Tel. 64698).
Information: Zentrum Pfälzerwald Touristik siehe WP 2. Tourist-Information Holzland/Sickinger Höhe (www.waldfischbachburgalben.de, tourist_info@waldfischbach-burgalben.de, Tel. 06333/ 925160).
Tipps: Johanniskreuz siehe WP 2. Freibad Heltersberg (Tel. 06333/63974).

Am **Johanniskreuz (1)** orientieren wir uns vor dem gleichnamigen Restaurant über den Parkplatz – begleitet vom gelben und weißen Kreuz – nach Süden. Oberhalb des Wertholzlagers der Forstverwaltung folgen wir einem Kiesweg, stoßen bald auf einen asphaltierten Radweg und biegen sogleich links in einen Grasweg ein. Anschließend

Wanderpause im Pfälzerwald.

Pfälzer Waldpfad

wandern wir auf schmalem, laubbedecktem Weg durch Jungwald zukünftiger Werteichen zur **Hindenburgkiefer (2)**, 490 m (15 Min.). Nachdem wir etwa 50 m auf Wegspuren weitergegangen sind, steigen wir scharf rechts in Falllinie ab zu einem breiten Weg, dem wir ca. 10 Min. nach rechts folgen, um wieder am Radweg zu landen. Kurz vor der Straße biegen wir links auf den Schotterweg ein und verlassen diesen nach gut 10 Min. nach links in einen Pfad zum aufgestauten **Burgalbweiher (3)**. Im rechten Hang führen Stufen und ein Pfad zu einem höher gelegenen Weg, der am alten Grenzstein **Weisserstein (4)**, 466 m (70 Min., Rastplatz), die L 499 samt Radweg erreicht.

Wir folgen dem asphaltierten Radweg abseits der Straße durch schönen Laubhochwald und stoßen am Rettungspunkt -661 abermals auf die L 499. Nun werden wir links auf einen Schotterweg verwiesen, der in einer Schleife talwärts läuft. An einer Wegspinne biegt der Waldpfad scharf links um den **Molkenborn (5)**, 403 m (Rastplatz), herum. Der Weg führt uns weiter im Hang des Hahnenseybachs, bis wir in einem felsigen Seitental einem querenden Schotterweg rechts hinauf zum **Kieselweiher (6)**, 385 m (40 Min., Kieselweiherbrunnen und schattiger Rastplatz am Ende des Weihers), und zum Rettungspunkt -666 folgen.

Am Weiher geradeaus vorbei erreichen wir in etwa 15 Min. eine Forstpiste, der wir nach links etwa 20 Min. folgen. Am **Rettungspunkt -912 (7)**, 452 m (40 Min.), gehen wir mit dem blauen Punkt rechts. An einem kleinen Rastplatz zweigen wir links in ein kleines Bachtal mit Hütte und Teich ab. Das Tal

Pfälzer Waldpfad

des Hundsbächles quert. Hier gehen wir kurz rechts und überqueren den Bach am Wegweiser »NH Heltersberg«. Ein Pfad leitet uns aus dem Tal hinaus. Durch Wiesen und nun dem Wegweiser »Heltersberg« folgend erreichen wir zuletzt über einen schönen Waldweg das **Naturfreundehaus Heltersberg (8)**, 424 m (45 Min., Einkehr).

Das Zentrum von **Heltersberg (9)**, das die Grundversorgung der Bewohner deckt, erreichen wir über Schwarzwasserstraße und Hauptstraße in ca. 15 Min.

Hindenburgkiefer.

Pfälzer Waldpfad

5.15 Std.
18,8 km

Von Heltersberg nach Rodalben WP4

Über die Seelenfelsen zum Rodalber Felsenwanderweg

Wald- und felsenreiche Wanderung ins Land der »Schlabbeflicker«, über die Seelenfelsen zum Rodalber Felsenwanderweg.

Ausgangspunkt: Heltersberg, 425 m. Erreichbar mit Buslinie 246 ab Waldfischbach-Bf. Mo-Fr. Mit dem Auto: L 499 von Johanniskreuz bzw. Waldfischbach-Burgalben (B 270 KL – Pirmasens).
Endpunkt: Rodalben, 256 m. Rückfahrt mit ÖPNV: RB bis Pirmasens-Nord/RB Richtung Kaiserslautern bis Waldfischbach-Bf. (täglich Stundentakt), Buslinie 246 ab Waldfischbach (nur Mo-Fr). Mit dem Auto: L 497 – B 270 bis Waldfischbach – L 449.
Höhenunterschied: Aufstieg insgesamt ca. 350 m, Abstieg ca. 520 m.
Anforderungen: Längere Tour mit kurzen Aufstiegen. Schmaler Pfad an den Seelenfelsen.
Einkehr: Heltersberg; Maria Rosenberg; Donsieders; Rodalben/Hilschberghaus.
Unterkunft: Heltersberg siehe WP 3. **Waldfischbach-Burgalben** (Vorwahl 06333): Direkt am Steig: Haus Maria Rosenberg (Kat. II, www.maria-rosenberg.de, Tel. 923200). Ca. 2 km abseits in Waldfischbach-Burgalben, man folge zunächst der Markierung Jakobsweg; HR Zum Schwan (Kat. II-III, www.zumschwan-wfb.de, Tel. 92420). Kat. II: P Scherer (www.gaestehausscherer.de, Tel. 5810). Camping Clausensee (www.campingclausensee.de, Tel. 5744). **Rodalben** (Vorwahl 06331): Kat. III: HR Zum grünen Kranz (www.boldskranz.de, Tel. 23170); HR Zum Schokoladengießer (www.schokoladengiesser.de, Tel. 17123); P Villa Bruderfels (www.villa-bruderfels.de, Tel. 23350). Kat. II: PWV Hilschberghaus (direkt am Pfad, www.hilschberghaus.de, Tel. 18020).
Information: Tourist-Information Holzland/Sickinger Höhe siehe WP 3. Tourist-Information Gräfensteiner Land (Am Rathaus 9, 66976 Rodalben, www.rodalben.de, tourist@rodalben.de, Tel. 06331/ 234180).
Tipps: Indoor-Klettergarten/Hochseil-Baumklettergarten Maria Rosenberg (Tel. 06333/923-142, www.erlebniswelt-maria-rosenberg.de). Wanderung auf dem 46 km langen Rodalber Felsenwanderweg.

Wir starten in **Heltersberg (1)** in der Schwarzwasserstraße, wo uns die Markierung des Waldlehrpfads nach Süden führt, schließlich auf Schotter durch Felder in den Wald. Wir passieren den Parkplatz am Kreuzstein und bleiben immer dem breitesten Weg treu, bis wir die **Dinkelberghütte (2)**, 422 m, erreichen (60 Min., Schutzhütte und Rastplatz).
Hier wählen wir den linken Ast des sich verzweigenden Weges. Es geht allmählich abwärts. Der grüne Strich verabschiedet sich nach links hinab, wir aber bleiben auf dem Weg, bis wir auf einen Schotterweg stoßen. Diesen gehen wir links aufwärts und biegen nach 50 m rechts ab (auch Markierung des Holzlandwegs). Wir überschreiten den Bergrücken und kommen auf seine Südseite, wo uns ein Rastplatz und eine Informationstafel zu den **Seelenfelsen**, 345 m (25 Min.), empfangen. Nach wenigen Metern Abstieg läuft ein Pfad unterhalb der 670 m langen Buntsandsteinmauer der Seelenfelsen entlang.

Pfälzer Waldpfad

Nachdem wir die Felsen hinter uns gelassen haben, kommt von rechts ein Weg, dem wir links abwärts folgen. Bevor sich der Kreis um die Seelenfelsen schließt, machen wir eine U-Wendung in einen Schotterweg, der bis zur K 32 im **Schwarzbachtal**, 268 m (40 Min.), hinunterläuft.

Nun geht es rechts etwa 80 m auf Gras an der Straße entlang. Dann führt ein fast zugewachsener Pfad in den Wald hinauf. Am Querweg schwenken wir 10 m nach links, um unsere Wanderung auf dem Pfad fortsetzen zu können. Unter Felsen quert ein Pfad, dem wir nach links zu den Mauerresten der **Hei-**

Maria Rosenberg.

delsburg (3), 336 m (20 Min.), folgen, wo bereits Kelten und Römer siedelten. Kurz vor den Mauerresten biegt der Pfad nach rechts, läuft über Felsen und vollendet im Uhrzeigersinn fast einen Kreis. An einem rechts liegenden Felsdurchlass wählen wir den Weg nach links, der uns allmählich wieder zur Straße hinunterleitet, auf die wir an der **Sommerdelle** (Parkplatz) treffen. Nun folgen wir einem parallel oberhalb der Straße verlaufenden Pfad, bis wir kurz vor der **Wappenschmiede**, ca. 255 m (45 Min.), den Schwarzbach auf einer Brücke überwinden können.

Nachdem wir den Bach überschritten haben, gehen wir rechts in einen Schotterweg und beginnen nach 25 m links mit dem Ausstieg aus dem Schwarzbachtal. Zunächst durch Wald, dann durch Wiesen gelangen wir höher. Der Blick öffnet sich nach Norden auf Waldfischbach-Burgalben, auf den Ort Hermersberg und einen Windpark auf der Höhe. Dann steigen wir

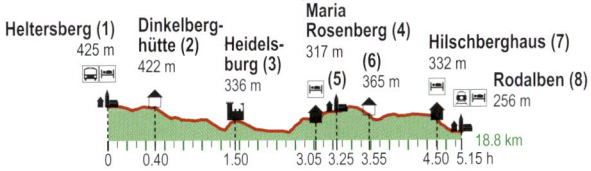

Pfälzer Waldpfad

zur ehemaligen Wallfahrtskirche und zum Bildungshaus **Maria Rosenberg (4)**, 317 m (25 Min.), ab und folgen von dort einem ziemlich hässlichen Weg hinauf nach **Donsieders (5)**, 390 m (10 Min.).

Wir durchschreiten den Ort von Norden nach Süden, wobei wir an einer Kapelle eine Rast einlegen könnten. Die Höhgasse bringt uns auf eine dem Wind ausgesetzte Höhe, 423 m (Rastplatz), wo ein Obelisk aufgestellt wurde. Dieser ist geeignet, ein Nachdenken bzw. eine Diskussion über Kunst und Kitsch, Bescheidenheit und Geltungssucht auszulösen, was den recht öden Weg bis zur Straße kurzweiliger machen würde. Nachdem wir rechts etwa 60 m entlang der Straße gegangen sind, dürfen wir links in einen schönen Waldweg eintauchen, der uns zum **Hölzernen Kreuz (6)** bringt, 365 m (30 Min., Parkplatz, Schutzhütte, Rastplatz mit Grillstelle; Joggelhütte, Mi–So ab 11 Uhr, Tel. 06331/2193630).

Auf schmalem Pfad geht es, vorbei an einer Felswand mit sehenswerten Ablagerungsschichten und Erosionsformen, abwärts. Wir treffen auf den Rodalber Felsenwanderweg, auf dem wir uns links halten. Nun umgehen wir zum Teil das Tal des Lindersbachs, bis der Waldpfad in einer scharfen Rechtskurve zum nächsthöheren Waldweg aufsteigt. Dieser bringt uns, begleitet von einem Waldlehrpfad, bis zu Parkplätzen (Katzenbusch) beidseits der L 482.

Variante: Wer eher Pfade und Felsen bevorzugt, bleibt auf dem Rodalber Felsenwanderweg (Markierung grünes F), bis über dem Schützenhaus ein kurzer Pfad zu besagten Parkplätzen emporführt. Oder man folgt (schöner!) dem Rodalber Felsenwanderweg bis zum Hilschberghaus.

Nachdem wir die L 482 am Parkplatz Katzenbusch gequert haben, wandern wir ca. 1 km über einen breiten, fast ebenen Promenadenweg, bis uns rechts ein kurzer, absteigender Pfad zum **Hilschberghaus (7)**, 332 m, bringt (60 Min., PWV-Hütte, täglich Einkehr- und Übernachtungsmöglichkeit). Von hier kann über den Zugangsweg des Waldpfades nach **Rodalben (8)**, zu den Hotels und zum Bahnhof (ca. 1 km, 15 Min.) abgestiegen werden.

> *Mit dem gut 7000 Einwohner zählenden Städtchen **Rodalben** haben wir das Gebiet um das ehemalige Schuhzentrum Pirmasens erreicht. Nach dem Zweiten Weltkrieg gab es hier zeitweise mehr als 60 Schuhfabriken. Die steigenden Löhne, die durch Produktivitätssteigerungen nicht kompensiert werden konnten, führten zu einer Schließung der Betriebe und damit zu einem Totalverlust an Arbeitsplätzen in dieser lohnintensiven Industrie. Geblieben ist, wie in anderen Orten auch, lediglich der Schuhhandel.*

Seelenfelsen.

Pfälzer Waldpfad

WP5 Von Rodalben nach Merzalben

3.00 Std.
11,3 km

Schnupperwandern auf dem Rodalber Felsenwanderweg

Kurzwanderung über einen Abschnitt des Rodalber Felsenwanderwegs nach Merzalben.

Ausgangspunkt: Rodalben, 256 m. Erreichbar mit ÖPNV: RB-Stundentakt auf der Queichtalstrecke Landau – Pirmasens; von Kaiserslautern mit Umsteigen in Pirmasens-Nord. Mit dem Auto von Kaiserslautern bzw. Pirmasens über A 62 oder B 270 und L 497. Von Landau B 10 und L 497, Parken am Bahnhof.
Endpunkt: Merzalben, 281 m. Rückfahrt mit ÖPNV: Buslinie 256 nach Münchweiler-Bf. (Mo–Fr) – Queichtalbahn bis Rodalben. Mit dem Auto über L 496 – L 497.
Höhenunterschied: Aufstieg 250 m, Abstieg 230 m.
Anforderungen: Kurze, leichte Wanderung; angenehme Pfade und Wege.

Einkehr: Rodalben; Hilschberghaus (täglich ab 12 Uhr, So ab 10 Uhr); Merzalben.
Unterkunft: Rodalben siehe WP 4. Merzalben: Kat. II: Feriendorf Merzalben (Tel. 06396/1761, www.feriendorf-merzalben.de); Bikepark Hostel (www.bikepark-hostel.de, Tel. 06395/7519).
Information: Tourist-Information Gräfensteiner Land (Am Rathaus 9, 66976 Rodalben, www.rodalben.de, tourist@rodalben.de, Tel. 06331/234180).
Tipp: Mittelalterliches Spectaculum auf Burg Gräfenstein am ersten Wochenende im September (www.phantasia-historica.de, Tel. 06363/5974).

Wer die Tour am Wanderbahnhof von **Rodalben (1)** beginnt, steigt zunächst gut 100 Höhenmeter auf dem Zugangsweg zum **Hilschberghaus (2)**, 332 m, auf (20 Min., Einkehr, Übernachtung). An der Talseite des PWV-Hauses treffen wir auf den Waldpfad und folgen ihm nach Osten. Im Wald wandern wir fast auf gleicher Höhe bleibend auf einem schönen Pfad an einem Felsband entlang. Rodalben liegt uns zu Füßen. Wir passieren den Saufelsen, den Vorderen Rappenkopffelsen und den **Rappenteichfelsen**, wo sich eine felsüberdachte Rastmöglichkeit befindet. Danach folgen wir links einem Weg aufwärts und nach ca. 250 m rechts einem Pfad über federnden Waldboden durch dunklen Tann zum Hinteren Rappenkopffelsen. An einem im

Weg liegenden Fels biegen wir rechts auf den Zigeunerpfad Richtung Hirschbrunnen ein, folgen dem nächsten Querweg etwa 150 m nach links und steigen auf einem Pfad in Serpentinen ab, um dann oberhalb der viel befahrenen L 497 zum Parkplatz am **Hirschbrunnen (3)**, 261 m, zu gelangen (55 Min., Rastplatz).

Wir queren die Straße nicht, sondern gehen parallel zu ihr weiter, bis wir links einen breiten Weg in das Hohlbachtal gewinnen und dem Hinweis zum 1,9 km entfernten Birkwieserhof folgen. Vor dem Haarigen Bühl wenden wir uns rechts einem aufwärts verlaufenden Hohlweg zu. Auf einer Forstpiste überschreiten wir einen Sattel zum **Birkwieserhof (4)**, 314 m (35 Min.). Wir gehen am Hof vorbei, umrunden die Koppeln teilweise und werden links hinauf in den Wald geleitet. Nach Querung einer Hochspannungs- und ei-

Auf dem Rodalber Felsenwanderweg.

ner Gasleitung begeben wir uns in ein kleines Seitental und wieder hinaus. Nochmals kreuzen wir die Hochspannungs- und Gasleitung. Dann treffen wir auf eine Wegspinne, wo wir links auf Grobschotter zur L 498 (Deutsche Schuhstraße) gelangen. Nachdem wir Straße und Bach gequert haben, wenden wir uns nach rechts, an der nächsten Weggabelung links und an der nächsten Kreuzung rechts – jeweils im Wald ansteigend. Im Linksbogen erreichen wir eine Forstpiste. Hier rechts und anschließend geradeaus über einen Waldweg kommen wir nach Merzalben. Durch ein neueres Wohngebiet und entlang der Hauptstraße beenden wir schließlich unsere heutige Etappe am Rathaus/Bürgermeisteramt von **Merzalben (5)**, 281 m (70 Min., Bushaltestelle).

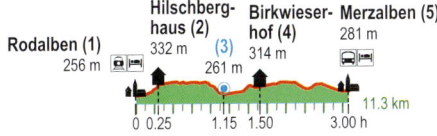

Pfälzer Waldpfad

WP6 *Von Merzalben nach Hermersbergerhof*

4.30 Std.
15,3 km

Langer Anlauf zum pfälzischen Wintersportzentrum

Wanderung auf schönen Waldpfaden zu drei Aussichtspunkten erster Güte. Diese nicht allzu lange Etappe lässt sich auch mit WP 7 verbinden.

Ausgangspunkt: Merzalben, 281 m. Erreichbar mit ÖPNV: Queichtalbahn Landau–Pirmasens bis Münchweiler-Bf. tägl. im Stundentakt; ab Münchweiler entweder Buslinie 256 (Mo–Fr) oder Wanderweg mit weißem Kreuz (ca. 3,5 km) oder grünem Kreuz (ca. 5 km). Mit dem Auto: B 10 Landau–Pirmasens, L 496. Parken südlich der Hauptstraße in Höhe der VR-Bank.
Endpunkt: Hermersbergerhof, 545 m. Rückfahrt mit ÖPNV; Ruftaxi 2555 (Tel. 06398/298, 1 Std. vor fahrplanmäßiger Abfahrt) – Wilgartswiesen-Bf. – Queichtalbahn bis Münchweiler-Bf. – Bus 256 (s. oben). Mit dem Auto: K 56 – B 10 – L 496.
Höhenunterschied: Aufstieg 520 m, Abstieg 260 m.

Anforderungen: Streckenweise recht flach, aber drei längere Steigungen.
Einkehr: Gräfensteinhütte (nur So 10–19 Uhr). Keine weitere Einkehrmöglichkeit unterwegs! Hermersbergerhof.
Unterkunft: Merzalben siehe WP 5. Hermersbergerhof: Kat. III: HR Landgasthof Luitpoldsturm (Restaurant März-Dez., Mo/Di Ruhetag, Tel. 06331/40405).
Information: Tourist-Information Gräfensteiner Land sie WP 5. Tourist-Info-Zentrum Pfälzerwald (Industriestraße 2a, 76846 Hauenstein, www.hauenstein-pfalz.de, tourismus@hauenstein.rlp.de, Tel. 06392/915110).
Tipp: Mittelalterliches Spectaculum auf Burg Gräfenstein, siehe WP 5.

In **Merzalben (1)** beginnen wir unsere Wanderung an der Bushaltestelle nahe dem Rathaus, gehen auf der Hauptstraße nach Osten und biegen rechts in die Zimmerbergstraße ein (Wegweiser blau-weiß, »Gräfensteinhütte« 1,5 km). Diese zieht sich im Linksbogen durch ein Wohngebiet in die Höhe. Oben gehen wir rechts, vor dem Kreuz links in den Wald bis vor die Straße und rechts zur 200 m nahen **Gräfensteinhütte**, 294 m (30 Min., Einkehr nur So).
Links vor der Hütte steigen wir in einem Hohlweg (während starker Regenfälle möglicherweise auch in einem Bach) auf zu einer Wegspinne.

Burgruine Gräfenstein.

Hier folgen wir halb links dem grünen Kreuz bergwärts. Bald nachdem wir einen Schotterweg erreicht haben, leitet ein Weg aus Betongittersteinen zur noch recht gut erhaltenen **Burgruine Gräfenstein (2)**, 447 m (30 Min., Aussicht auf Merzalben und den Pfälzerwald; für die Besteigung des siebeneckigen Bergfriedes ist eine Taschenlampe erforderlich).

Burg Gräfenstein wurde ab dem 12. Jh., also in der Stauferzeit, im romanischen Stil errichtet. Sie war Sitz eines Verwalters der Grafen von Leiningen. Die Anlage wurde während des Bauernkrieges 1525 zerstört und 1535 durch den Pfalzgrafen von Zweibrücken-Veldenz wieder aufgebaut. 1570 kam die Burg in den Besitz des Markgrafen von Baden und wurde im Dreißigjährigen Krieg 1635 endgültig zerstört.

Am Burgeingang beginnt der Abstieg in Kehren und über Stufen zum Parkplatz, 375 m. Hier halten wir uns halb links (Wegweiser »Aussichtsfelsen Winschert«) und verlassen den Schotterweg sogleich wieder nach rechts. Wir steigen auf federndem Waldboden auf. Nach etwa 15 Min. schwenkt der Weg nach rechts zu einer Wegspinne auf dem Bergrücken. Rechts leitet ein

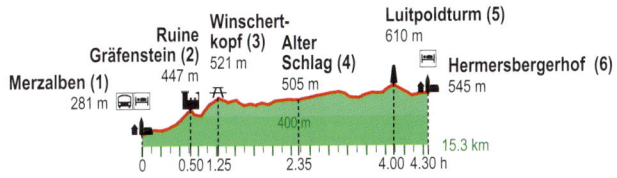

Am Winschertkopf.

Stichweg über den Rücken zum **Winschertkopf (3)**, der über eine solide Metalltreppe erklommen wird, 521 m (30 Min., Bank unter etwas Schatten spendenden Kiefern, idyllischer Platz zum Rasten; Rundumsicht über den gesamten südlichen Pfälzerwald bis zu den Nordvogesen, Pirmasens und in den Westrich; begrenzter Wetterschutz unter überhängenden Felsen). Einige Felsen sind abgestürzt und stehen nun teilweise senkrecht vom Boden auf (ein Fels weist Kletterhaken auf).

Wir gehen auf dem Stichweg zurück zur **Wegspinne**, folgen geradeaus dem breiten Weg bis zu einer weiteren Wegspinne mit einem Rastplatz (Punkt 471,2) und bleiben in Gehrichtung für ca. 500 m auf dem Schotterweg. An einer kleinen Lichtung (rechts) zweigt (Achtung!) links ein Pfad ab bis zu einem tiefer im Hang verlaufenden Pfad, dem wir nach rechts folgen. Nach ca. 10 Min. fädelt unser Pfad in einen breiten Weg ein, auf dem wir unsere Wanderung bis zum Rettungspunkt 6712-948 vor einer Wiese im Wald fortsetzen. Nun folgen wir der Markierung bis zum **Alten Schlag (4)**, 505 m (Rettungspunkt 6712-951, 65 Min.).

Hier stellt sich die Wahl zwischen dem mit grünem Kreuz markierten Pfad oder dem Waldpfad auf parallel verlaufendem Waldweg. Der Pfad ist auf jeden Fall die bessere Alternative! Beide Strecken münden nach ca. 15 Min. in einen von links kommenden Weg. Kurz danach verabschiedet sich das grüne Kreuz nach links. Wir passieren einen Hochsitz an einem Wasserloch, biegen bei nächster Gelegenheit rechts ab und beschreiben einen Rechtsbogen, indem wir – von der Markierung geleitet – mehrere Wege im Wald nutzen und queren, um schließlich vor der Straße nach Hermersbergerhof zu stehen. Hier nehmen wir rechts einen Schotterweg mit Graskamm, der sich in einem felsigen Hang allmählich absenkt. Ca. 20 Min. später sind wir gefordert, den Höhenverlust wieder auszugleichen: Nach einer Rechtskurve unseres inzwischen erdigen Waldweges führt uns links ein undeutlicher Pfad in Kehren durch Buchenhochwald empor. Auf dem Bergrücken angekommen, geht es wenige Meter nach links und gut 100 m vor der Straße rechts auf einem Pfad hinab zu einem grasüberwachsenen Schotterweg. Dieser bringt uns, begleitet von Ginster, zum **Holländer Klotz**, 551 m (75 Min.,

Pfälzer Waldpfad

Bank und Felsblock unter einer dicken Eiche, Parkplatz; der Name weist auf die holländischen Holzkäufer für den Schiffsbau um 1700 hin).

Ein Pfad mit den Markierungen blau-rot und blaues Kreuz führt uns hinauf zum 1909 erbauten **Luitpoldturm (5)**, 610 m, auf dem Weißenberg (10 Min., Rastplatz im Turm, vom 28 m hohen Turm traumhafte Panoramafernsicht sowie Blick auf unser Tagesziel Hermersbergerhof). Wir gehen nun hinab zum Luitpoldstein (Park- und Rastplatz).

Dort verbleiben wir zunächst auf einem Pfad diesseits der Straße und wechseln am **Dreiherrenstein**, 536 m (15 Min., Grenzpunkt der ehemaligen Herrschaften Pfalz-Zweibrücken, Leiningen und dem zur Markgrafschaft Baden gehörenden Gräfenstein), auf die andere Straßenseite. So kommen wir schließlich zum Ortseingangsschild der Rodung **Hermersbergerhof (6)**, 545 m, und gelangen auf der Straße in die Siedlung (15 Min., Einkehr, Bushaltestelle).

> *i* *Der Weiler* **Hermersbergerhof** *war ursprünglich ein Hofgut der Benediktinerabtei Hornbach, dann des Klosters Eußerthal. 1773 vom Herzog von Pfalz-Zweibrücken erworben, wurde das Hofgut nach Einmarsch französischer Revolutionstruppen säkularisiert. War früher die Forstwirtschaft die Erwerbsgrundlage der höchstgelegenen Siedlung der Pfalz, so ist es heute der Tourismus, auch im Winter. Eine Rodelbahn ist vorhanden, der frühere Skilift wurde wegen Schneemangels allerdings abgebaut.*

Ausblick vom Winschertkopf.

Pfälzer Waldpfad

WP7 Von Hermersbergerhof nach Hauenstein

2.15 Std.
8,6 km

Auf Schusters Rappen hinab ins Schuhzentrum

Sehr leichte, kurze Abwärts-Wanderung auf schönen Pfaden – verlängert um zwei aufregende Varianten auch zur genussreichen Tagestour auszubauen.

Ausgangspunkt: Hermersbergerhof, 545 m. Erreichbar mit ÖPNV: Ruftaxi 2553 ab Wilgartswiesen-Bf. (Tel. 06398/298, 1 Std. vor fahrplanmäßiger Abfahrt). Mit dem Auto von der B 10 Landau–Pirmasens ab Wilgartswiesen über die K 56.
Endpunkt: Hauenstein, 231 m. Rückfahrt per Ruftaxi siehe oben. Mit dem Auto: K 56.
Höhenunterschied: Aufstieg 40 m, Abstieg 350 m.
Anforderungen: Sehr kurze Tour, fast nur Abstieg.
Einkehr: Hermersbergerhof und Hauenstein, unterwegs keine.
Unterkunft: Hermersbergerhof siehe WP 6. **Hauenstein** (Vorwahl 06392): Kat. III-IV: HR Felsentor (www.hotel-felsentor.de, Tel. 4050); HR Hauensteiner Hof (www.hotel-hauensteiner-hof.de, Tel. 409596); HR Zum Ochsen (www.landgasthof-zum-ochsen.de, Tel. 571). Kat. III: GR Waldesruh (www.gasthaus-waldesruh.de, Tel. 1610); HR Landhotel Wasgau (www.landhotel-wasgau.de, Tel. 9190). Kat. I: Herberge Hauenstein (Tel. 1346, www.herberge-hauenstein.de).
Information: Tourist-Info-Zentrum Pfälzerwald siehe WP 6.
Tipps: Hauenstein (Vorwahl 06392): Deutsches Schuhmuseum (tägl. 10–17, Dez.–Feb. Mo–Fr 13–16, Sa und So 10–16 Uhr, www.museum-hauenstein.de, Tel. 923334-0); Gläserne Schuhfabrik (April–Okt. täglich, Nov.–März Sa/So/feiertags geschlossen, www.glaeserneschuhfabrik.de, Tel. 9221371); Schuhmeile Hauenstein (Schuhverkauf vom 15.3.–25.10. auch So 13–18 Uhr). Landschaftlich reizvolles Wasgau-Freibad (Tel. 409480).

Hermersbergerhof.

Wir starten an der zentralen Kreuzung in **Hermersbergerhof (1)** zwischen dem Landgasthof Luitpoldsturm und der Bushaltestelle einerseits und dem Café Ingrid andererseits. Begleitet vom rot-weißen Strich und dem blauen Kreuz gehen wir auf der Kreisstraße 56 nach Süden aus dem Ort hinaus. Nach ca. 300 m biegen wir links in einen Pfad ein, der in den Wald hineinläuft. (Wir bleiben nun bis Wilgartswiesen immer links der Kreisstraße.)

Der schöne Pfad senkt sich leicht bis zu einer Kurve der Straße und einem ersten Rettungspunkt ab (ca. 20 Min.). Das blaue Kreuz verabschiedet sich und wir setzen mit dem rot-weißen Strich unsere Wanderung über den Parkplatz auf einem direkt neben der Straße verlaufenden Pfad fort. Nach Unterquerung einer 220-KV-Leitung stoßen wir wieder auf die Straße und einen zweiten **Rettungspunkt 6713-236 (2)**, 462 m (35 Min.).

Nun leitet ein Pfad in Kehren im Wald hinab zu einem Forstweg. Wir kommen wieder zur Straße und einem dritten Rettungspunkt, und nochmals schlängelt sich ein Pfad links in den Wald hinein und trifft unter der 220-KV-Leitung auf die Straße und den vierten **Rettungspunkt 6713-237 (3)**, 420 m (30 Min.). Kurz vorher wendet sich der Waldpfad von der Straße ab in den Wald und verläuft im Abstand zur Straße bis vor einem weiten Parkplatz an der **K 56**. Mit einer Linkswende kommen wir hier zum **Abzweig Falkenburg (4)**, 222 m (30 Min.).

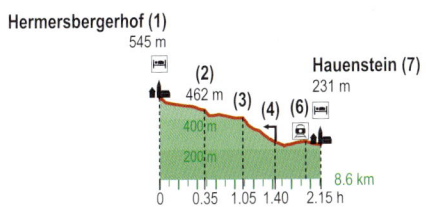

Pfälzer Waldpfad

Variante: Es ist sehr reizvoll, einen Abstecher zur **Ruine Falkenburg** auf dem Schlossberg zu machen (für Genießer 1 Std. mehr). Man folge der Zugangsmarkierung Richtung Wilgartswiesen bis an den Fuß der Felsen. Über die waghalsig in senkrechter Wand klebende Eichentreppe erreicht man einen zum Lagern geeigneten grandiosen Aussichtspunkt hoch über dem Pfälzerwald. – Abstieg wie Aufstieg. Geübte Wanderer können den Burgfelsen auf sehr schmalem und an einer Stelle steilem Pfad umrunden.

Zurück auf dem Waldpfad unterqueren wir die neue und queren die alte B 10 und gehen parallel dazu nach rechts. Nach links schlüpfen wir unter der Bahnlinie hindurch, der wir ereignislos nach rechts an ihrer Südseite bis zum **Wegweiser »Erbenbuckel« (5)** folgen.

Variante: Wesentlich reizvoller ist es, am **Wegweiser »Erbenbuckel« (5)** links, an der nächsten Wegkreuzung rechts und dann rechts hinauf dem Hauensteiner Schusterpfad zu folgen. Der Pfad führt auf die Felsenmauer des **Neding**. Nur 50 m abseits vom Pfad befindet sich ein lohnenswerter Aussichts- und Rastpunkt. Im Abstieg wird noch das Felsenfenster passiert (20 Min. länger).

Beide Wege erreichen die Zugangsstraße zum **Haltepunkt Hauenstein-Mitte (6)**, 55 Min. bzw. 75 Min. mit der letzteren Variante; 135 Min. mit beiden Varianten. Rechts liegt sichtbar der Haltepunkt, links kommen wir in das Ortszentrum von **Hauenstein (7)**, 231 m (15 Min.).

*In **Hauenstein** wurde 1886 die erste Schuhfabrik gegründet. Im Jahre 1914 waren es bereits 14 und 1961 sogar 36 Betriebe; heute besteht nur noch eine Fabrik. In der Gläsernen Schuhfabrik findet eine Schauproduktion statt. Das Deutsche Schuhmuseum wurde 1996 errichtet. Auf der Schuhmeile des ca. 4000 Einwohner zählenden heutigen Luftkurortes können auch sonntags Schuhe gekauft werden.*

Blick auf Hauenstein.

Pfälzer Waldpfad

Von Hauenstein nach Erfweiler

Auf dem Premiumwanderweg Hauensteiner Schusterpfad

Die kurze Genusswanderung führt uns durch die Hauensteiner Felslandschaft zu Paddelweiher und Queichquelle und weiter ins Dahner Felsenland.

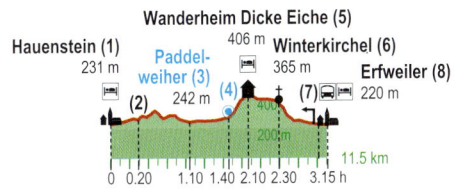

Ausgangspunkt: Hauenstein, 231 m. Erreichbar mit ÖPNV: Queichtalbahn Landau–Pirmasens im Stundentakt, Bahnhaltepunkt Hauenstein-Mitte. Mit dem Auto über B 10 Landau–Pirmasens, Parken am Haltepunkt Hauenstein-Mitte.
Endpunkt: Erfweiler, ca. 220 m. Rückfahrt mit Bus 545 (Mo–Fr); nach Dahn: Bus 252 (Mo–Fr) nach Hinterweidenthal-Bf./Queichtalbahn nach Hauenstein-Mitte. Mit dem Auto: Dahn – B 427 – Hinterweidenthal – B 10 – Hauenstein. Taxi Traxel (Tel. 06391/1824).
Höhenunterschied: Aufstieg 300 m, Abstieg 310 m.
Anforderungen: Kurze, wenig anstrengende Wanderung.
Einkehr: Hauenstein; Paddelweiher-Hütte (März–Oktober täglich ab 10.30 Uhr, Nov.–März Sa/So ab 11 Uhr, Tel. 06392/994518); Wanderheim Dicke Eiche (Sa/So/feiertags 9–18 Uhr, Mai–Okt. auch Mi, Tel. 06392/3596); Erfweiler: Zum Jägerhof (Tel. 06391/1754).
Unterkunft: Hauenstein siehe WP 7. Wanderheim Dicke Eiche (www.pwv-hauenstein.de, Voranmeldung Tel. 06392/4090098). **Erfweiler** (Vorwahl 06391): Kat. III-IV: HR »Die Kleine Blume« (www.hotel-kleineblume.de, Tel. 92300). Kat. II: P Dorfidyll (Tel. 1745).
Information: Hauenstein siehe WP 6. Tourist-Information Dahner Felsenland (Schulstraße 29, 66994 Dahn, www.dahner-felsenland.net, tourist-info@dahner-felsenland.de, Tel. 06391/9196222).
Tipps: Hauenstein: Deutsches Schuhmuseum; Gläserne Schuhfabrik. Landschaftlich reizvoll gelegenes Wasgaufreibad (siehe jeweils WP 7). Gastrotipp: Speisemeisterei Lüders in **Erfweiler** (ab 17.30 Uhr, So/feiertags auch 11.30–13.30 Uhr, Do Ruhetag, www.speisemeisterei-pfalz.de, Tel. 06391/2208).

Wer zur heutigen Etappe mit der Queichtalbahn Landau – Pirmasens anreist, steigt am Haltepunkt Hauenstein-Mitte aus (oder man parkt hier das Auto) und läuft auf der neuen Straße ca. 200 m bis zur Kuppe, hinter der der Ort beginnt. Wer in **Hauenstein (1)** übernachtet hat, folgt aus Richtung Marktplatz dem blau-gelben Strich Richtung Haltepunkt Hauenstein-Mitte bis zur Kuppe hinter den letzten Häusern des Ortes (15 Min.). Dort steigen wir ganz

Pfälzer Waldpfad

kurz nach Westen auf und befinden uns gleichzeitig auf dem Premiumwanderweg Hauensteiner Schusterpfad. Der wunderschöne Pfad führt durch Mischwald, links schimmern die Dächer von Hauenstein durch den Wald, rechts mehren sich die senkrechten Buntsandsteinfelsen. Durch ein schmales **Felsentor (2)** steigen wir ab zu einer Straße, die durch einen natürlichen Felsdurchbruch vom Ortszentrum herangeführt wird (20 Min.).

Vor zwei Märkten (dahinter liegt die Gläserne Schuhfabrik und 200 m weiter beginnt das Schuheinkaufszentrum »Schuhmeile«) queren wir die Straße und setzen an einem Rastplatz unsere Wanderung auf einem weiteren Pfad aufwärts fort. (Wenige Meter vom Waldpfad kann links ein Felsen bestiegen werden.) Nach einer Linkskurve verabschiedet sich der Schusterpfad nach rechts. Unser Waldpfad verläuft leicht abwärts, an der nächsten Verzweigung folgen wir rechts dem Hinweis auf eine **Gedenktafel** für Verunglückte bei Steinbrucharbeiten im Zuge des Baues der Hauensteiner Kirche. Danach läuft der Pfad zunächst auf gleicher Höhe weiter, überwindet dann in Kehren eine Bergschulter und steigt schließlich zur angekündigten **Grillhütte**, 247 m, ab (35 Min., Hütte, Rastplätze, Bouleplatz). Durch den Wald, der mit allerlei Turngeräten möbliert ist, gelangen wir kurz danach an der **Paddel-**

Bayerisch-pfälzische Gastlichkeit am Paddelweiher.

weiher-Hütte (3), ca. 242 m (10 Min., Einkehr), in den Talgrund des Stephanstals.

Am Ende des Paddelweihers wechseln wir auf die in Gehrichtung linke Seite des Tals und wandern, begleitet von Wiesen und Fischteichen, auf breitem, schattigem Waldweg bis zur **Queichquelle (4)**, 271 m (25 Min., gefasste Quelle, überdachter Rastplatz, ungepflegtes Kneipp-Tretbecken).

Hier beginnt der Aufstieg zum Wanderheim Dicke Eiche über einen schönen Steig. An einer Wegspinne (Rettungspunkt) setzt sich der Pfad rechts aufwärts fort. Bei Erreichen des nächsten Querweges sind es nach rechts noch 300 m zum

PWV-Wanderheim Dicke Eiche (5), 406 m (20 Min., begrenzte Einkehr-, Übernachtungsmöglichkeit).

Am Wanderheim behalten wir unsere Gehrichtung bei und gelangen nach etwa 500 m zur ehemaligen **Dicken Eiche**, die von offenbar Verrückten vor einigen Jahren mit einer Kettensäge traktiert wurde, was sie nicht überlebte. Der morsche Torso musste im Oktober 2010 aus Sicherheitsgründen gefällt werden, sodass er nun vermodernd am Boden liegt. Die mickrige Neupflanzung wirkt wie eine Karikatur.

Wir folgen rechts dem Schusterpfad zum **Winterkirchel (6)**, 365 m (25 Min. ab PWV-Hütte; die Kapelle wurde 1948/49 an der Stelle einer bereits 1748 bekannten Kapelle erbaut). Hier steigen wir links über ein paar Stufen ab und folgen einem Kreuzweg talwärts. An der sechsten steinernen Stationstafel (unter dem Wetzstein, der sich allerdings unseren Blicken entzieht) zweigt der Waldpfad rechts ab, umläuft eine eingezäunte Fichtenanpflanzung und anschließend Koppeln. Rückblickend zeigt sich jetzt der Wetzstein.

Am Rand eines Hochwaldes entlang, vorbei an der Winterberghalle, kommen wir zu einem Platz zwischen den Häusern von Angelverein sowie Obst- und Gartenbauverein mit Parkmöglichkeit. An der **Wegverzweigung (7)** halten wir uns halb links und gelangen so nach **Erfweiler (8)**, bereits nach ca. 300 m zum Hotel-Restaurant Kleine Blume als erster Einkehrmöglichkeit und nach 1 km ins Zentrum des Dorfes, 220 m (45 Min., Bus, Einkehr- und Übernachtungsmöglichkeiten).

Pfälzer Waldpfad

WP9 *Rundwanderung um Dahn*

3.15 Std. | 10,9 km

Über den Dahner Felsenkranz

Die Umrundung von Dahn auf schmalen Felspfaden über Jungfernsprung und Dahner Burgen ist der Höhepunkt des Pfälzer Waldpfades.

Dahner Burgen (von Karfreitag bis 31. Oktober: 11–18 Uhr, Mi Ruhetag).
Unterkunft: Erfweiler siehe WP 8. Dahn (06391): Kat. V: HR Pfalzblick (www.pfalzblick.de, Tel. 4040). Kat. IV: HG Eyberg (wwweyberg.de, Tel. 9199890); HR Felsenland (www.hotel-felsenland.de, Tel. 92370). Kat. I-II: P Burgenland (Tel. 5641); P Leonhart (Tel. 1580); Ferienhaus am Schwalbenfelsen (www.ferienhaus-am-schwalbenfelsen.de, Tel. 5757); Felsenland JH Dahn (www.diejugendherbergen.de, Tel. 1769). **Camping:** Campingplatz Büttelwoog (www.camping-buettelwoog.de, Tel. 5622); Campingplatz Neudahner Weiher (www.camping-neudahner-weiher.de, Tel. 1326); Ferienzentrum Campingplatz Neudahn (Tel. 1697).
Information: Tourist-Information Dahner Felsenland (Schulstraße 29, 66994 Dahn, www.dahner-felsenland.net, tourist-info@dahner-felsenland.de, Tel. 06391/9196222).
Tipps: Dahn: Felsland Badeparadies mit Sauna- und Wellnesswelt (www.felsland-badeparadies.de, Tel. 06391/2179); Dahner Sommerspiele von Mai–Okt. (Theater und Konzerte, Tel. 06391/9196222); Stadtfest mit Krämermarkt in Dahn Mitte August; Klettern rund um Dahn und Wandern auf den Premiumwanderwegen. Köhlerwoche in **Erfweiler** von Christi Himmelfahrt bis Pfingsten.

Ausgangs-/Endpunkt: Erfweiler, ca. 220 m. Erreichbar mit ÖPNV: Bus 252 von Hinterweidenthal-Bf. nach Dahn (Mo–Fr). Mit dem Auto: B 10 Landau–Pirmasens, B 427 ab Hinterweidenthal – Dahn – K 39, Parken beim Obstbauverein.
Höhenunterschied: Auf- und Abstieg insgesamt je ca. 330 m.
Anforderungen: Hoher Anteil schmaler Pfade. Der optionale Stichweg zum Hochstein erfordert an seinem Ende absolute Trittsicherheit und Schwindelfreiheit!
Einkehr: Erfweiler; Dahn; Kiosk an den

Von **Erfweiler (1)** geht es durch die Winterbergstraße nach Norden an den Ortsrand zu den Häusern von Angelverein und Obst- und Gartenbauverein und der **Wegverzweigung (2)**, 224 m (15 Min.), wo man auch parken kann. Der Waldlehrpfad führt uns links am Obstbauverein vorbei und nach etwa 100 m zu einem Wasserhaus und vor diesem links zu einer Kneippanlage. Wir nutzen den Steg über den Bach und nehmen nach 20 m links den Weg

Pfälzer Waldpfad

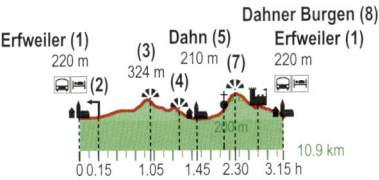

am Waldrand entlang und durch den Wald. Wir folgen dem Wegweiser »Dahn« rechts weiterhin am Waldrand. An einem im Weg liegenden Felsen orientieren wir uns halb rechts. Knapp 10 Min. später verlassen wir den Weg nach rechts zugunsten eines Pfades. Bereits nach 20 m zweigt der Waldpfad wiederum rechts Richtung Römerfelsen ab. Bei einer Einkerbung im Bergrücken steigen wir links auf einem Pfad in Kehren auf und über einen Felsrücken leicht ab zum **Lachbergblick (3)**, 324 m (40 Min., Aussicht über das Dahner Felsenland).

Nach sehr kurzem, steilem Abstieg wandern wir weiter über den Felsrücken und anschließend über einen sehr schmalen Pfad an der Nordseite der Kuckucksfelsen entlang, bis wir nach links durch eine Felslücke zum Friedhof von Dahn absteigen können. Hier nehmen wir mit einem Stück Asphalt vorlieb, bis wir eine Straße kreuzen, die durch eine größere Kerbe im Felsen verläuft. Dort folgen wir der Wegweisung »Jungfernsprung« zunächst auf ei-

Soldatenfriedhof und Michaelskapelle unter dem Hochstein.

Burgruine Altdahn.

nem Grasweg, dann rechts auf einem Pfad empor. Wir wandern auf der Nordseite des Felsriegels des Vogelsbergs auf einem Pfad entlang, der sich zu einer Felslücke absenkt. Hier wechseln wir an die Südseite und klettern zuletzt über eine Treppe und durch eine enge Felsspalte zum Felsen und zum Kreuz des **Jungfernsprungs (4)**, 258 m (40 Min., Aussicht, Rastplatz). Um abzusteigen, kehren wir zur Felslücke zurück. Dort wandern wir nordseitig in einer großen Kehre hinab zur Pirmasenser Straße (Einkehr), wo der 65 m hohe Felspfeiler des Jungfernsprungs direkt über uns aufragt. Die Straße führt uns weiter ins Zentrum des 4500 Einwohner zählenden Städtchens **Dahn (5)**, 210 m (20 Min., Einkehr, Bushaltestelle).

Pfälzer Waldpfad

An der Straßenkreuzung in der Ortsmitte von Dahn biegen wir kurz Richtung Erfweiler ein und folgen rechts der Kanalstraße nach Süden und lassen uns dann zum Kreisel an der B 427 am südlichen Ortsrand führen. Hier gehen wir links am **Haus des Gastes** vorbei durch den Kurpark bis die Markierung uns auf einem naturbelassenen Weg nach Süden zum Ehrenfriedhof und zur **Kapelle St. Michael (6)**, 275 m (25 Min., Platz zum Innehalten und Schauen), hinauf schickt. Von dort steigen wir unter der Nordwand des Hochsteins bis in eine breite Felslücke auf.

Scharf rechts zweigt ein Stichweg zum **Hochstein (7)** ab, dem wir neugierig folgen. Gegen Ende dieses Wegs passiert man die Soldatenhütte, die sich als ein flaches Felsentor erweist, und tastet sich aufmerksam und behutsam über einen schmalen Felskamm vor, dessen Wände zu beiden Seiten senkrecht abstürzen. Die letzten ungesicherten Meter auf Trittspuren erfordern absolute Trittsicherheit und Schwindelfreiheit und sind nur bei trockenem Fels zu begehen! Lebensgefahr (Hin und zurück ca. 20 Min.)!

Zurück in der Felslücke setzen wir unsere Wanderung wiederum unter der Nordseite von Felsen bis zum Haferfelsen fort und steigen – immer auf schmalen Pfaden bleibend – unter seiner Nordwand zu einem breiten Waldweg ab, der uns zu einem Parkplatz geleitet. Hier steigt ein Asphaltweg zu den **Dahner Burgen (8)**, 296 m, auf (geöffnet April–Okt. 9–18 Uhr, Nov.–März 9–17 Uhr, Tel. 06391/3650), dem wir bis zu seinem Ende folgen, weil sich von dort die Burganlage eindrucksvoller präsentiert. In der Anlage befindet sich ein Kiosk mit Außensitzgelegenheit, 310 m (35 Min.). Für die Besichtigung sollten wenigstens 30 Min. angesetzt werden.

> *Die **Dahner Burgen** bestehen aus den Burgen Altdahn, Grafendahn und Tanstein, die fünf Felsen eines von Nordost nach Südwest ziehenden Kamms besetzen. Mit einer Länge von ca. 200 m zählen sie zu den größten Burganlagen der Pfalz. Die um 1100 n. Chr. entstandene Burg Altdahn ist wohl die älteste Anlage. Ihr folgte ab 1287 Burg Grafendahn. Lehnsherrin der Burgen und des Ortes Dahn war das Bistum Speyer. Bauherren und Lehnsleute waren die Herren von Dahn. Burg Grafendahn wechselte häufig den Besitzer. Die Burgen wurden im Laufe der Zeit mehrmals beschädigt und umgebaut. Bereits im 16. Jh. galten sie zunehmend als unbewohnbar und zerfielen in der Folgezeit weiter.*

Am Ostende der Burganlage, wo der Asphaltweg heraufkommt, senkt sich ein schmaler Waldweg, streckenweise über einen bewaldeten Rücken laufend, zum Tal. Bereits außerhalb des Waldes kreuzen wir die K 39 nicht geradeaus in einer Kurve (gefährlich!), sondern gehen rechts haltend zur Straße hinab, um sie dort zu überqueren, und anschließend wenige Meter an ihr hinauf bis zu einem Rastplatz. Hier wandern wir einen Pfad hinab zum Friedhof und weiter bis ins Dorfzentrum von **Erfweiler (1)**, ca. 220 m (20 Min., Landgasthaus Zum Jägerhof, Bushaltestelle).

Pfälzer Waldpfad

 Von Erfweiler nach Erlenbach

3.45 Std.
12,6 km

Mit Ritter Franz von Sickingen zum Drachenfels

Täler und Berge, Wälder und Wiesen und eine beeindruckende Felsenburg erwarten uns heute.

Ausgangspunkt: Erfweiler, ca. 220 m. Erreichbarkeit siehe WP 9.
Endpunkt: Erlenbach, 205 m. Rückfahrt mit ÖPNV: Buslinie 545 bis Dahn (Mo–Fr). Mit dem Auto: B 427 bis Reichenbach/K 39.
Höhenunterschied: Aufstieg insgesamt ca. 400 m, Abstieg ca. 410 m.
Anforderungen: Muntere Auf- und Abstiege, kurze Strecke über einen Felskamm.
Einkehr: Erfweiler; Busenberg; Drachenfelshütte (ganzjährig Mi/Sa ab 11 Uhr, So/feiertags ab 9 Uhr, Tel. 06391/3877); Weißensteiner Hof (ab 10.30 Uhr, Mo Ruhetag, Tel. 06391/3559).
Unterkunft: Erfweiler siehe WP 8. Busenberg: Kat. II-III: HG Tannenhof (www.hotelpension-tannenhof.de, Tel. 06391/2377). Erlenbach: Kat. IV: Burg Berwartstein (Kat. IV: www.burgberwartstein.de, Tel. 06398/1234). Kat. II: P Burkhard (Tel. 06398/213).
Information: Tourist-Information Dahner Felsenland siehe WP 9.

Wir beginnen die Wanderung am Landgasthof Zum Jägerhof an der wichtigsten Straßenkreuzung (Bushaltestelle) von **Erfweiler (1)**. Nach etwa 100 m durch die Winterbergstraße biegen wir nach Überqueren des Breitenbaches rechts in die Bärenbrunnerstraße ein. Anschließend halten wir uns wiederum rechts in die Wiesenstraße und kommen am Ortsrand in Wiesengelände. Der erste Schotterweg führt nach rechts und steigt dann in einem Hohlweg an. Wir umgehen einen Pferdehof, stoßen an einer Wegkreuzung am Punkt 260,7 m auf den Sagenweg und steigen mit ihm geradeaus im Wald auf. An einer Verzweigung wählen wir den rechten, schattigen Weg, der uns sanft im Nordwesthang aufsteigend nach 1 km zu einer **Fels-**

Am Kahlenberg.

kanzel am Kahlenberg, 322 m, bringt (45 Min., Rastplatz, Aussicht über das Dahner Felsenland).
Wir dürfen uns jetzt nicht verleiten lassen, dem Sagenweg hinab zu folgen. Denn der Waldpfad setzt sich in unserem Rücken fort, und zwar zunächst nur mit Trittspuren steil auf den Bergrücken. Zuletzt zwängt sich der Pfad durch Felsen hinauf auf den Felskamm des **Kahlenbergs (2)**, 399 m, über den wir (Vorsicht bei Glätte!) bis zu einem durch Geländer gesicherten Felskopf gehen (15 Min., Blick auf die Dahner Burgen).
Vorsicht beim kurzen Abstieg in den Felsen! Dann gelangen wir über einen schönen Pfad in weniger als 10 Min. zu einer Aussichtskanzel mit Bank über Schindhard. Kurz danach folgen wir an einer Verzweigung dem Wegweiser »Bärenbrunnerhof«. Nun zieht zunächst ein Pfad, später ein Weg, an der Südseite des Rauhberges dahin, anfangs im Hang, danach nahe dem felsigen Bergkamm. Nach ca. 10 Min. senkt sich der Weg und in einem Rechts-

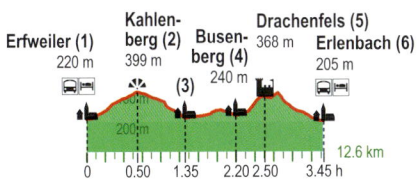

bogen gelangen wir zum Waldrand. Dort setzen wir unsere Wanderung nach rechts auf einem Schotterweg durch Wald und Wiesen hinab fort, bis wir am Ortsrand von **Schindhard (3)** auf die K 41, 225 m, stoßen (40 Min.).
Wir gehen kurz rechts auf der Straße, sogleich links (kleiner Parkplatz) und wieder links in die Landauer Straße. Begleitet vom gelb-roten Strich gehen wir auf Asphalt. An dessen Ende geht es weiter am Waldrand entlang und vor der Bärenbrunnermühle rechts in ein Seitental hinein. Ab einem Wasserhaus folgen wir dem Busenberger Holzschuhpfad nach rechts. Ein Schotterweg leitet uns zu den Sportanlagen von Busenberg hinauf. Von der Wegspinne gehen wir rechts durch die Waldstraße. Dann links zur Kirchstraße und zur Kirche von **Busenberg (4)**, 240 m, hinab (50 Min.).
An der Kirche queren wir leicht links versetzt die B 427, wenden uns bald nach rechts und durch die Talstraße aus dem Ort hinaus in ein Wiesental. Am rechten Rand einer mit Kaminholzstapeln bedeckten Wiese steigen wir im Wald Richtung Drachenfels auf. An einem querenden Waldweg schwenken wir nach rechts und gelangen im Linksbogen an die Südseite des **Drachenfels (5)**, 368 m, und zu den beiden Aufgängen zur Felsenburg (25 Min., Rundumsicht).

> *Die **Felsenburg Drachenfels** liegt auf einem 150 m langen Buntsandsteinfelsen und dürfte aus dem frühen 12. Jh. stammen. Sie war im späten Mittelalter Ganerbenburg, d.h., es gab mehrere anteilige Besitzer. Als der rebellische Reichsritter Franz von Sickingen in den Besitz eines Ganerbenanteils gelangte und sich mit mehreren Fürsten anlegte, wurde die Burg von den Siegern geschleift. Danach diente die Burg als Steinbruch und wurde auf die Felsen reduziert. Im beginnenden 20. Jh. wurden in der Unterburg wieder einige Mauern hinzugefügt.*

Vom Drachenfels wandern wir zum Parkplatz und zur **Drachenfelshütte** hinab (297 m, 5 Min., begrenzte Einkehrmöglichkeit). (Wer bei geschlossener Hütte dennoch einkehren möchte, erreicht mit dem gelben Strich auf schönem Pfad in 10 Min. den Weißensteiner Hof und steigt anschließend auf einem Asphaltsträßchen in 5 Min. zu einem Parkplatz auf, wo der Waldpfad wieder erreicht wird. Variante ohne Zeitverlust.)
Der Waldpfad verläuft vom Parkplatz der Drachenfelshütte gemeinsam mit dem Sagenweg im Wald aufwärts, dann links hinab zum Park- und Rastplatz über dem Weißensteiner Hof. Vom Rastplatz wandern wir zunächst am Waldrand, dann durch Wald und Wiesen nach Osten zur Kapelle St. Gertraut. Hinab im Fehrental gelangen wir auf Asphalt an den nördlichen Ortsrand und rechts haltend in die Ortsmitte von **Erlenbach (6)**, 205 m (45 Min., Einkehr- und Übernachtungsmöglichkeit).

Drachenfels.

Pfälzer Waldpfad

WP11 Von Erlenbach nach Schweigen

4.45 Std.
17 km

Vom Wald zum Wein

Waldreiches Ende des Pfälzer Waldpfades: zu Beginn eine urige Talwanderung, zum Schluss duftet der Wein.

Ausgangspunkt: Erlenbach, 205 m. Erreichbar mit Buslinie 545 Bad Bergzabern – Dahn (außer Sa). Mit dem Auto über B 427 Bad Bergzabern – Hinterweidenthal.
Endpunkt: Schweigen, 218 m. Rückfahrt mit Buslinie 543 bis Bad Bergzabern/Bus 545 bis Erlenbach (außer Sa). Mit dem Auto: B 38 bis Bad Bergzabern/B 427 nach Erlenbach. Abreise mit ÖPNV: Buslinie 543 nach Bad Bergzabern und Landau oder nach Weißenburg-Bf. (französisch »Gare«), von dort Zugverbindung stündlich nach Winden, Karlsruhe, Landau, Neustadt.
Höhenunterschied: Aufstieg insgesamt ca. 290 m, Abstieg 280 m.
Anforderungen: Mittellange Wanderung mit kürzeren Steigungen auf einfachen Wegen.
Einkehr: Erlenbach siehe WP 10; Burgschänke Burg Berwartstein (März–Okt. täglich 9–18 Uhr, Nov.–Feb. nur Sa/So 13–17 Uhr, Tel. 06398/210, Historischer Rittersaal aus dem 13. Jh., Felsterrasse); Sportheim am Campingplatz (Tel. 06398/236); Kiosk am Badesee Seehof (Mai Mi-So, Juni–Sept. täglich, Oktober Di-So, ab 11 Uhr, Tel. 06398/993221); St. Germanshof (Biergarten, Mi–Sa ab 17 Uhr, So/feiertags ganztägig, Mo/Di Ruhetag, Tel. 06394/1455); Schweigen.
Unterkunft: Erlenbach siehe WP 10. **HR St. Germanshof**: Kat. III-IV, www.st.germanshof.de, Tel. 06394/1455. **Schweigen** siehe WS 12.
Information: Tourist-Information Dahner Felsenland siehe WP 9. Tourismusverein Südliche Weinstraße Bad Bergzabern e. V. und Tourist-Information am Deutschen Weintor (April–Okt.) siehe WS 12.
Tipps: Führung durch Burg Berwartstein (siehe »Einkehr«). Besuch von Weißenburg (siehe WS 12).

In **Erlenbach (1)** orientieren wir uns an der Kirche auf der Hauptstraße nach Norden und biegen rechts in die Binsenhohlstraße ein. Am Waldrand wenden wir uns nach rechts durch Koppeln in den Wald hinein (kleiner Friedhof der Herren von Berwartstein) und wandern anschließend die Straße hinauf. Nach ca. 150 m treffen wir auf die Haltestelle der Buslinie 548 und den Zugangsweg, 255 m (15 Min.), zur **Burg Berwartstein (2)**, die wir in 5 Min. erreichen können (Einkehrmöglichkeit, Besichtigung und Führung, Aussicht vom Turm).

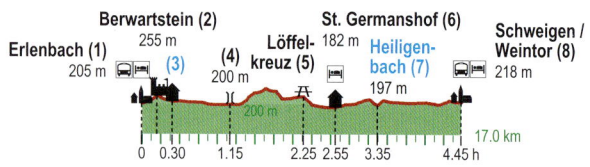

Burg Berwartstein.

> ⓘ Im Jahre 1152 übertrug Kaiser Friedrich Barbarossa die Reichsburg **Berwartstein** dem Bistum Speyer. Seit Beginn des 13. Jh. nannte sich die dort sitzende Ritterfamilie nach der Burg. Straßburg und Hagenau warfen ihnen Anfang des 14. Jh. Raubrittertum vor und eroberten die Burg. Die Burg kam in den Besitz des Klosters Weißenburg. Später erhielt sie der Ritter Hans von Trotha von der Kurpfalz zu Lehen. Er baute die Burg aus sowie das Vorwerk Klein-Frankreich, er staute aber auch die Wieslauter auf und grub damit der Stadt Weißenburg das Wasser ab. Nach Intervention riss er den Staudamm wieder ab und setzte damit die Stadt unter Wasser. Damit zog er den päpstlichen Bann und die Reichsacht auf sich, ging aber wegen seiner »Heldentaten« als Ritter Hans Trapp in die pfälzische Geschichte ein. Die 1591 nach Blitzschlag abgebrannte Burg wurde Ende des 19. Jh. von privater Hand wieder aufgebaut und dient heute als Gaststätte, kleines Hotel und Wohnung. Einkehr und Besichtigung sind lohnend.

Der Pfälzer Waldpfad führt ab der Bushaltestelle von der Burg weg über die Zugangsstraße zum Seehofweiher. Bevor wir ein kleines Wiesentälchen queren, biegen wir – begleitet von vielen anderen Markierungen – rechts in einen Waldweg ein, der parallel zur Zugangsstraße verläuft und erreichen kurz danach den **Seehofweiher (3)**, 220 m (25 Min., Kiosk, Badestrand). Wir wan-

Pfälzer Waldpfad

dern geradeaus am Ufer des Sees weiter und bleiben diesseits des **Portzbaches**, dem wir nun fast bis zu seiner Mündung in die Wieslauter folgen. Etwa 600 m nach dem See biegt der Weg rechts in ein Seitentälchen um. Dort verlassen wir ihn nach links, zum Bach hinab. Ein urwüchsiger, stellenweise morastiger Pfad, der später in einen Erd- und Grasweg übergeht, leitet uns durch die Bachaue. Wir wandern auf tiefgründiger, schwarzer Walderde, über Gras und Moos, durch Erika und Ginster, bis uns nach fast 45 Min. eine **Holzbrücke (4)** ermöglicht, an das andere Ufer zu wechseln. Dort gehen wir auf Asphalt bis kurz vor die Straße im **Wieslautertal** (L 478), 185 m (45 Min., Parkplatz).

Ca. 100 m vor der Straße biegen wir links ab. Ein sandiger Weg führt uns durch Mischwald über dem Wieslautertal aufwärts, begleitet von den Verkehrsgeräuschen der Straße. Am höchsten Punkt, 282 m, über Bobenthal laufen mehrere Wege zusammen. In Gehrichtung verzweigen sich zwei Wege in spitzem Winkel; wir nehmen den rechten, der uns sachte abwärtsführt. Gut 20 Min. später kommt von rechts ein Weg herauf, dem wir aufwärts folgen, um so die Wegspinne **Löffelkreuz (5)**, 252 m, zu erreichen (30 Min., Rastplatz).

Wir steigen ins Tal und queren den Reisbach und die L 492. Wir bleiben nördlich (links) der Straßen (die L 492 mündet in die L 478), steigen einen Pfad hinauf, nutzen kurz eine

Teerstraße und verlassen sie nach rechts zugunsten eines Waldweges. Begleitet vom Verkehrslärm gelangen wir zur Waldgaststätte **St. Germanshof (6),** 182 m, auf der anderen Straßenseite (25 Min., Restaurant, Biergarten, Hotel, Mo/Di Ruhetag).

Wir überqueren den Parkplatz gegenüber dem Hotel zu einem Weg, der uns nach rechts etwa 10 m über der Wieslauter durch eine hübsche offene Landschaft und schließlich in

Deutsches Weintor.

den Wald führt. An der querenden Schotterpiste gehen wir links und befinden uns nun im **Mundatwald** (auf neueren Karten nicht mehr dargestellt), der ab dem Ende des Zweiten Weltkrieges bis 1986 unter vorläufiger französischer Verwaltung stand. Die Autos mit französischem Kennzeichen deuten darauf hin, dass der Wald heute noch von Franzosen genutzt wird. Wir erreichen eine Wegspinne und wählen den breiten, rechts aufwärts verlaufenden Weg. In dessen Linkskurve verlassen wir – nachdem wir das etwas versteckt unter uns im Wald liegende Château du Langenberg passiert haben – den Weg nach rechts in einen schönen Pfad hinab. An einer Wegspinne im Tal des **Heiligenbachs (7)**, 197 m (40 Min.), stoßen wir auf die Zufahrt zum Château, der wir aber nicht folgen.

Wir queren den Bach und anschließend links auf einem Pfad empor. Bevor wir aus dem Wald heraustreten (Aussicht), müssen wir links mit einem wenig einladenden Hohlweg vorlieb nehmen. Nach etwa 200 m queren wir aus dem Hohlweg nach rechts hinaus und überschreiten nun endgültig die französische Grenze, an der wir unbemerkt bereits eine Weile entlanggegangen sind. Wir gehen durch Laubmischwald mit einem hohen Anteil an Esskastanien. Nachdem rechts der Zugangsweg nach Weißenburg (Wegweiser »Les trois maronniers«) abgezweigt ist, verlassen wir den Wald und wandern mit Blick über die Oberrheinebene und auf Weißenburg zwischen Wald und Reben abwärts. Sobald der Wald etwas zurückweicht, schreiten wir über Teer- und Betonwege durch Weinberge.

Nachdem wir das unterhalb liegende Château St. Paul passiert haben, folgen wir dem querenden Betonweg links (sogleich danach führt rechts ein Erdweg direkt nach Schweigen) bis zur **Pergola** (schöner Rastplatz). Nun geht es zum Ort hinab: an den Skulpturen »Traubendieb« rechts und »Sesel« links zum Restaurant Sonnenberg und zur Kirche; weiter geradeaus an Weinstuben und -gärten vorbei zum Verkehrskreisel und mit wenigen Schritten links zum **Deutschen Weintor** (siehe Etappe WS 12) in **Schweigen (8)**, 218 m (75 Min., Einkehr, Bushaltestelle).

Pfälzer Höhenweg

Vom Königsberg durch die Mosaiklandschaft des Pfälzer Berglandes zum Donnersberg

Der **Pfälzer Höhenweg** beschreibt einen 112 Kilometer langen Bogen durch das Nordpfälzer Bergland von Wolfstein bis Winnweiler, wobei das außerhalb der Pfalz liegende Kleinod Meisenheim einbezogen wird. Der Höhenweg wird hier auch in dieser Richtung beschrieben, weil die Höhepunkte des Wandererlebens zweifelsohne im Donnersberg liegen und diese Abfolge der Etappen somit die Spannung auf der Wanderung bis zum Ende erhält.

Der **Pfälzer Höhenweg** führt durch die typische Mosaiklandschaft der Nordpfalz aus Wäldern, Wiesen und Ackerland. Die vielfachen Zerschneidungen durch Flüsse und Bäche haben eine hügelige Mittelgebirgslandschaft (»Bucklige Welt«) herausgebildet, die nichts Spektakuläres bietet und gerade dadurch seelisch ausgleichend wirkt. Der Weg zieht überwiegend aussichtsreich über die recht einsamen Höhen zwischen den Flüssen, was mehrmals zu langen Aufstiegen aus und Abstiegen in die Täler führt. Der Donnersberg sowie Königsberg und Selberg haben sich aufgrund ihrer Hartgesteine der landwirtschaftlichen Nutzung entzogen und bieten lange Waldpassagen.

Einkehr- und Übernachtungsmöglichkeiten in den Orten sind eingeschränkt. Die einzelnen Etappen haben Gehzeiten von 3,5 bis 5 Stunden; dabei wurde der etwa 22 km lange erste Abschnitt zwischen Wolfstein und Lauterecken aufgeteilt. Das vermeidet einerseits eine für den ersten Tag ziemlich lange Wanderung von mindestens 6 Stunden und ermöglicht andererseits die Anreise und ggf. eine Besichtigung des Besucherbergwerkes in Wolfstein.

Das Logo des **Pfälzer Höhenweges** ist, soweit mit Farbe an Bäumen aufgetragen, vereinfacht dargestellt.

Schlechtwetteraktivitäten außerhalb des Wandergebietes:
- Burg Lichtenberg bei Kusel (Urweltmuseum Geoskop und Musikantenlandmuseum, Tel. 06381/8429).
- Kirchheimbolanden: Stadtrundgang durch die »Kleine Residenz« (Stadtmauer, Schlossgarten, Schlosskirche mit Stumm-/Mozartorgel).
- Bad Sobernheim: Rheinland-Pfälzisches Freilichtmuseum (06751/3840).
- Bad Kreuznach: Brückenhäuser, Kurpark; Crucenia Therme (0671/99-0).
- Idar-Oberstein (Vorwahl 06781): Felsenkirche, Deutsches Edelsteinmuseum (Tel. 900980), Edelsteinerlebniswelt (Tel. 205-0), Edelsteinmine Steinkaulenberg (Tel. 47400), Historische Weiherschleife (Tel. 901918).

Rast im Nordpfälzer Bergland.

Pfälzer Höhenweg

HW1 *Rund um Wolfstein*

3.30 Std.
12 km

Über die Höhen und durch die Wälder von Selberg und Königsberg

Wir drehen eine gut dreistündige Runde durch die Wälder von Selberg und Königsberg, um den Kreis wieder in Wolfstein zu schließen. Wer frühzeitig startet, kann die Wanderung bis nach Lauterecken fortsetzen (siehe HW 2), muss dafür aber die Kondition für etwa 6 Stunden Gehzeit mitbringen.

Ausgangs-/Endpunkt: Wolfstein, 187 m. Erreichbar mit ÖPNV: Lautertalbahn von Kaiserslautern im Stundentakt. Mit dem Auto über B 270 von Kaiserslautern bzw. AS 15 Kaiserslautern-West der A 6 Mannheim–Saarbrücken. Parken am Bahnhof oder am Besucherbergwerk.
Höhenunterschied: Auf- und Abstieg je ca. 490 m.
Anforderungen: Kurze Tour mit längeren Auf- und Abstiegen.
Einkehr: Wolfstein; PWV-Hütte Rutsweiler (So 9–18 Uhr, Tel. 06304/4023); Selberghütte (So 1.3.–31.10. von 10–18 Uhr, 1.11.–28.2. von 10–17 Uhr).
Unterkunft: Wolfstein (Vorwahl 06304): Kat. II-III: HR MAXIMO am Königsberg (Mo–So 9–24 Uhr, Tel. 274). Kat. III-IV: HR Reckweilerhof (2,5 km nördlich von Wolfstein, Bahnhaltepunkt, www.reckweilerhof.de, Tel. 618). Königsland-JH (www.diejugendherbergen.de, Tel. 1408). Camping am Königsberg Wolfstein (Tel. 4143, www.CampingWolfstein.de, info@campingWolfstein.de, Ende März bis Ende November).
Information: Freizeit und Tourismus VG Lauterecken–Wolfstein (www.vg-lw.de, Tel. 06382/791-142).
Tipp: Besucher-Kalkbergwerk am Königsberg: Besichtigung mit Grubenbahn unter Tage (Führungen, Weinprobe unter Tage, geöffnet Ende März bis Anfang November So und feiertags 13–18 Uhr, Gruppen nach Vereinbarung auch werktags, Tel. 06304/9130, www.kalkbergwerk.com).

Vom **Bahnhof** in **Wolfstein (1)** gehen wir nach Norden und queren die Bahnlinie und die Lauter nach links in das Ortszentrum hinein. Am Hotel-Gasthof Königsberg gehen wir links und folgen den Wegweisern »Radweg Jugendherberge 1,6 km« und »Besucherbergwerk 0,6 km«. Wer nicht zum – möglicherweise geschlossenen – Besucherbergwerk möchte, kann vom Stadtplatz aus auch gleich dem Wegweiser »Fußweg zur Jugendherberge« folgen (etwas kürzer). Der Höhenweg beginnt offiziell erst an der Jugendherberge. Wir gehen durch die Hauptstraße

Wolfstein.

und am angekündigten Kalkbergwerk vorbei bis zu einem Straßenanschluss an die Umgehungsstraße und dem Besucherparkplatz des **Bergwerkes (2)**. Dort führt ein Asphaltweg aufwärts und passiert den **Abzweig (3)**, 298 m, zur nahen Jugendherberge (30 Min.). Auf einem Schotterweg wandernd halten wir uns etwa 20 Min. nach der Jugendherberge links, ignorieren sogleich einen nach links führenden Weg und blicken danach von einer Kuppe in das Nordpfälzer Bergland. In weniger als 5 Min. stehen wir vor der **Rutsweiler Hütte (4)**, 371 m (30 Min., sonntags Einkehr).

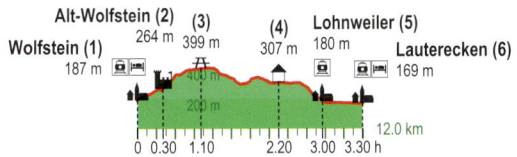

Pfälzer Höhenweg

Hier verlassen wir den breiten Weg nach rechts und wandern durch schönen Buchenhochwald. An der nächsten Verzweigung, oberhalb einer im Wald versteckt liegenden Hütte, wenden wir uns rechts aufwärts. In einer Rechtskurve dieses Schotterweges biegen wir rechts in einen Waldweg ein. Gemeinsam mit den Markierungen blau-gelb und gelb-rot geht es steil hinauf. Nachdem wir einen breiten Weg gekreuzt haben, verringert sich vorübergehend die Steigung. Dann wieder steiler zur **Selberghütte (5)**, 541 m (45 Min., sonntags Einkehr). Vom Aussichtsturm bietet sich ein grandioser Rundblick über das Nordpfälzer Bergland.

In der nächsten Viertelstunde steigen wir, bei Westwind möglicherweise begleitet vom Geschützdonner auf dem Truppenübungsplatz Baumholder, etwa 100 Höhenmeter zur Senke zwischen Selberg und Königsberg ab: Zunächst wandern wir ziemlich direkt und steil auf einem Pfad hinunter. Am dritten Querweg lenken wir unsere Schritte nach links und beschreiben, begleitet von der blau-gelben Markierung, einen Rechtsbogen, bis wir die Senke erreicht haben. Hier biegen wir links ab und fädeln wenig später in einen breiten Schotterweg ein, der über mehr als 1 km ziemlich langweilig aufwärts zieht. Wir passieren **Rettungspunkt 6411-786 (6)**.

Im Abstieg treffen wir auf eine auffällige Ansammlung von Wegweisern. Dort biegen wir nach rechts, verlassen kurz danach mit der Markierung gelber Strich den Weg nach rechts, wenden uns an einer als Holzlagerplatz geeigneten, planierten Fläche scharf nach links und wandern im Hang leicht ab-

Die Bucklige Welt.

Selberghütte.

wärts. Wo wir links einen aufsteigenden Pfad erblicken, läuft rechts ein Pfad hinab (Nr. 2, Kreuzpfad) zu einem Weg. Dort setzen wir auf dem rechts neben dem Hochsitz beginnenden Pfad unseren Abstieg fort. An einer Kreuzung der Pfade – Wolfstein liegt tief unten im Tal – gehen wir links weiter abwärts. Dann folgen wir einem Weg in Gehrichtung und kommen, an der nächsten Kreuzung scharf rechts gehend, zur Burg **Neu-Wolfstein (7)**, 257 m (75 Min., Aussicht auf Wolfstein und das Lautertal). In wenigen Minuten steigen wir nach **Wolfstein (1)** hinab und gelangen von dort wieder zum **Bahnhof** oder setzen unsere Wanderung von der Burg Neu-Wolfstein nach Lauterecken fort (siehe HW 2).

> *Die Namen **Königsland** und **Königsberg** rühren daher, dass im Mittelalter die Kaiserpfalz Kaiserslautern und die Lande nördlich davon Reichsland waren und damit dem König gehörten. Die heute etwa 2000 Einwohner zählende Stadt **Wolfstein** wurde 1275 gegründet. Sie fiel 1367 an die Pfalzgrafen, 1801 im Frieden von Lunéville mit dem Département Tonnerre an Frankreich und nach dem Wiener Kongress mit der Pfalz an Bayern.*
> ***Burg Neu-Wolfstein** wurde vermutlich mit der Stadtgründung in die Stadtbefestigung einbezogen. Im Bayerischen Erbfolgekrieg sowie 1688 im Pfälzischen und 1713 im Spanischen Erbfolgekrieg wurde sie schwer beschädigt bzw. zerstört. Später diente sie der französischen Revolutionsarmee als Lazarett und wurde 1798 endgültig verlassen.*

Pfälzer Höhenweg

 Von Wolfstein nach Lauterecken

3.30 Std.
12 km

Abstieg zur Vereinigung von Lauter und Glan

Auf dieser kurzen Wanderung steigen wir über die Höhen zwischen Lauter- und Glantal hinab nach Lauterecken zur Vereinigung der beiden Flüsse. Es bliebe Zeit, um in das Besucherbergwerk einzufahren oder eine Draisinenfahrt anzuschließen.

Alt-Wolfstein.

Ausgangspunkt: Wolfstein, 187 m, siehe HW 1.
Endpunkt: Lauterecken, 169 m. Rückfahrt mit ÖPNV: stündlich mit der Lautertalbahn nach Wolfstein. Taxi: Tel. 06382/993060. Mit dem Auto über B 270.
Höhenunterschied: Aufstieg insgesamt ca. 300 m, Abstieg ca. 310 m.
Anforderungen: Kurze und eher leichte Etappe.
Einkehr: Wolfstein; Lauterecken.
Unterkunft: Wolfstein siehe HW 1. Lauterecken (Vorwahl 06382): Kat. IV-V: HR Pfälzer Hof (www.pfaelzer-hof.de, Tel. 7338).
Information: Freizeit und Tourismus VG Lauterecken–Wolfstein (www.vg-lw.de, Tel. 06382/791-142).
Tipps: Wolfstein siehe HW 1. Draisinenfahrt im Glantal (März–Okt., www.draisinentour.de, Tel. 06381/424270).

Vom **Ortszentrum** in **Wolfstein (1)** steigen wir auf dem Zugangsweg des Pfälzer Höhenweges durch die Schlossgasse nach Norden zur **Ruine Neu-Wolfstein**, 257 m, auf (15 Min., Ausblick). Wir folgen dem Wegweiser »Alt Wolfstein«, bald auf einem Pfad im Wald, vorbei an einer Quelle, dann auf einem Waldweg zur **Burgruine Alt-Wolfstein (2)**, 264 m (10 Min., Rastplatz, Ausblick, der Bergfried ist besteigbar).

i *Die Burg Alt-Wolfstein wurde während der Regentschaft Kaiser Friedrich Barbarossas im 12 Jh. errichtet. Sie war mehrmals Gegenstand von Kämpfen zwischen den Erzbistümern Mainz und Trier sowie dem Bistum Speyer und den Pfalzgrafen. Im bayerisch-pfälzischen (oder Landshuter) Erbfolgekrieg wurde sie 1504 von Kurfürst Philipp von der Pfalz zerstört und dem Verfall preisgegeben. Heute steht nur noch der 22 m hohe Bergfried.*

Wir bezwingen einen kurzen Felsensteig. Die Felsen bestehen – wie insbesondere am Selberg bereits gesehen – aus einem Konglomerat, das aufgrund der eingebackenen Kiesel auf den ersten Blick wie Beton erscheint. Ein im Wald ansteigender Pfad leitet uns zu einer Schutzhütte aus Backstein-

Im Nordpfälzer Bergland.

fachwerk. Hier kurz hinab zu einer Wegspinne mit Rettungspunkt. Der Höhenweg bringt uns nun auf einer Strecke von ca. 1 km durch Wald bis zu einem **Rastplatz (3)**, 399 m, vor einer Wiese, wo wir uns nach rechts wenden. Nach etwa 10 Min. gehen wir nur kurz über Asphalt hinab, biegen an einer Nussbaumallee rechts in einen Kies-Gras-Weg ein und folgen der Linie dieser ehemaligen Römerstraße ohne abzubiegen. Wir kreuzen die **L 368** (45 Min.) im rechten Winkel in einen Grasweg hinauf zum Vogelsberg, 349 m. An einem Grenzstein beginnt ein kurzer Aufstieg auf morastigem Weg durch den Wald. Dann auf einem Schotterweg am Waldrand entlang bis zu einer einsamen Bank neben einem angepflanzten Bäumchen. Hier geht es rechts auf einem Grasweg weiter am Waldrand entlang, anschließend rechts in den Wald und auf breitem Schotterweg zu einer **Hütte (4)**,

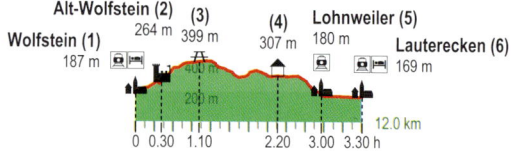

Pfälzer Höhenweg

307 m (35 Min.). Dort wandern wir nach links, treten nach gut 5 Min. aus dem Wald heraus und halten uns an der nahen Wegkreuzung unter einer Stromleitung halb rechts. So gelangen wir durch Felder und zuletzt durch Wald hinab nach **Lohnweiler (5)**, ca. 180 m (35 Min., Bahnhaltepunkt).

Im Ort gehen wir hinab zur Bahnlinie und jenseits der Gleise links nach Lauterecken. Unter der Umgehungsstraße hindurch gelangen wir in den Ort, biegen vor der Lauterbrücke links ab und kommen zur Glanbrücke und damit ins Zentrum von **Lauterecken (6)**, 169 m (30 Min., Einkehr- und Übernachtungsmöglichkeiten).

Wer mit dem Zug zurückfahren möchte, geht über die Glanbrücke und wird kurz danach rechts zum Bahnhof verwiesen.

> *Das an der Mündung der Lauter in den Glan gelegene Städtchen **Lauterecken** mit etwa 2100 Einwohnern wurde bis 1444 von den Grafen von Veldenz regiert. Danach fiel es durch Erbfolge an das Herzogtum Pfalz-Zweibrücken und war von 1543 bis 1694 Residenz der Nebenlinie Pfalz-Veldenz-Lauterecken. Im Jahre 1689 wurden Stadt und Burg durch die Truppen Ludwigs XIV. zerstört. Übrig geblieben sind der Veldenzturm und Reste des Schlosses.*

Lauterbrücke in Lauterecken.

Pfälzer Höhenweg

HW3 — Von Lauterecken nach Meisenheim am Glan

4.15 Std. **15,4 km**

Wanderung zwischen zwei mittelalterlichen Residenzstädtchen

Wir begleiten den Glan überwiegend auf Graswegen über die aussichtsreichen Höhen durch Wiesen und Felder.

Historische Grenze Bayern-Preußen in Meisenheim.

Ausgangspunkt: Lauterecken, 169 m. Erreichbar mit ÖPNV: Lautertalbahn von Kaiserslautern im Stundentakt. Taxi: Tel. 06382/993060. Mit dem Auto über B 270 von Kaiserslautern bzw. AS 15 Kaiserslautern-West der A 6 Mannheim–Saarbrücken; von A 61/Mainz/Bad Kreuznach über B 420. Parken am Bahnhof.

Endpunkt: Meisenheim, 148 m. Rückfahrt mit Buslinie 260 (Mo-Fr stündlich, Sa/So zweistündlich). Mit dem Taxi: Tel. 06753/2610. Mit dem Auto (Parken am Obertor) über B 420.

Höhenunterschied: Aufstieg ca. 340 m, Abstieg ca. 360 m.

Anforderungen: Relativ kurze Wanderung auf leichten Wegen.

Einkehr: Lauterecken; Meisenheim; unterwegs keine.

Unterkunft: Lauterecken siehe HW 2. **Meisenheim** (Vorwahl 06753): Kat. III-IV: HR Meisenheimer Hof (www.meisenheimer-hof.de, Tel. 1237780). Kat. III: HR Landhotel am Wasserrad (www.landhotel-am-wasserrad.de, Tel. 964290); HR Weingut Barth (www.hotelweingut-barth.de, Tel. 5477); HR »Am Markt« (www.hotelammarkt.net, Tel. 9499764).

Information: Lauterecken siehe HW 2. Tourist-Information Meisenheim (www.ferienregion-nahe-glan.de, touristinfo@vg-nahe-glan.de, Tel. 06751/81-1173).

Tipps: Draisinenfahrt im **Glantal** siehe HW 2. **Meisenheim:** Altstadtführung; Konzert auf der Stummorgel in der Schlosskirche (Kontakt: Tourist-Information Meisenheim).

Wir beginnen unsere Wanderung im Zentrum von **Lauterecken (1)** und überqueren die Glanbrücke. Von rechts kommt die Straße vom Bahnhof hinzu. Jenseits der B 420 steigen wir einen Treppenweg hinauf, halten uns rechts, queren eine Straße in einen aufsteigenden Erdweg hinein und erreichen rechts auf Asphalt eine Deponie. An deren Zaun entlang wandern wir auf breitem Weg in den Wald. Wieder im freien Feld, geht es nach ca. 150 m rechts abermals in den Wald.

Pfälzer Höhenweg

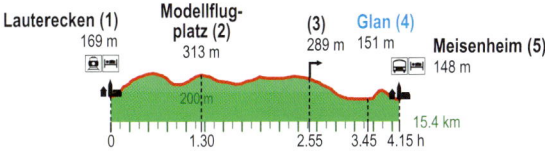

Zunächst höhengleich, beschreiben wir im Abstieg einen weiten Linksbogen. Schließlich kommen wir zu einer Wegkreuzung mit einer Fichte. Hier wenden wir uns nach links in einen Schotterweg mit Graskamm, passieren eine Blockschutthalde und biegen vor der Wand des Steinbruchs am **Marialskopf** links ab. Unter uns plätschert ein kleiner Bach. Wir stoßen auf eine große Wiese, an deren Rand wir bis etwa zur Hälfte aufwärts gehen. Rechts heraus querend gewinnen wir einen Grasweg. An der nächsten Wegkreuzung, vor dem **Medarder Modellflugplatz (2)**, gehen wir rechts Richtung Glantal. Nach 1 km entfernen wir uns wieder vom Glantal am Waldrand ent-

Altstadt und Schlosskirche Meisenheim.

lang, durch Wald und vorbei an einem Gesteinsabbau hinauf zur **Schwannenhöhe**. Dort folgen wir rechts einem Weg mit schöner Aussicht. Nachdem wir durch ein kleines Wäldchen gewandert sind, zweigt am Beginn einer sehr kurzen Waldpassage rechts der **Abgang (3)** nach **Odenbach**, 289 m (60 Min.), in Richtung eines Sendemastes ab. Wir aber bleiben weiter auf dem Bergrücken zwischen Glan- und Jeckenbachtal mit prächtiger Aussicht.

Der Grasweg senkt sich allmählich ab. Kurz vor Erreichen der B 420 biegen wir unter einer 220-KV-Leitung in einer Rechtskurve unseres Weges links auf einen Grasweg ab, der parallel zur Straße verläuft. Wir überqueren die viel befahrene **B 420** am nächsten Querweg (Vorsicht!) und beschreiben in der Talaue einen Rechtsbogen, bis wir links an einem ehemaligen Bahnwärterhäuschen die Gleise der Glantalbahn kreuzen können. Die Glantalbahn dient heute nur noch für Draisinentouren (siehe Tipps). An den Gleisen entlang nähern wir uns in einem Rechtsbogen dem **Glan (4)**. Wir überqueren das Flüsschen und anschließend die Straße schräg nach links in einen Gehweg (bald Betonpflaster), dann gehen wir am Rande der Bebauung entlang.

An einem Spielplatz biegt der Höhenweg rechts ab, um über den Finkenweg geradeaus im bewaldeten Prallhang des Glan steil und kräftezehrend aufzusteigen, im Hang weiterzuführen und in Höhe der Schlosskirche nach Meisenheim abzusteigen.

Man versäumt nichts, wenn man stattdessen am Spielplatz den Weg durch die Talaue des Glan fortsetzt, bis man über den Eisernen Steg nach **Meisenheim (5)**, 148 m (60 Min., romantisches Städtchen), gelangt.

Pfälzer Höhenweg

[i] Das am Glan gelegene **Meisenheim** ist ein städtebauliches Kleinod. Die Stadt wurde vermutlich im 7. Jh. gegründet. Sie wurde lange Zeit ebenso wie das Nachbarstädtchen Lauterecken von den Grafen von Veldenz und nach deren Aussterben im Jahre 1444 von den Herzögen von Pfalz-Zweibrücken regiert. Zeitweise war Meisenheim Residenzstadt. Nach dem Wiener Kongress kam die Pfalz zu Bayern, während Meisenheim Hessen-Homburg zugeschlagen wurde. Nach dem Deutschen Einigungskrieg 1866 wurde Meisenheim preußisch. Die Grenzlage wirkte sich wirtschaftlich negativ aus, was aber andererseits zum Erhalt des historischen Stadtbildes, das selbst im Pfälzischen Erbfolgekrieg gegen Ende des 17. Jh. nicht zerstört wurde, wesentlich beitrug.

Die Stadtmauer ist stellenweise noch erhalten und umgürtet Adelshöfe, Bürgerhäuser und das Rathaus von 1517. Besonders sehenswert ist die zwischen 1479 und 1504 erbaute Schlosskirche mit ihrem spätgotischen Westturm und ihren Rippengewölben im Renaissancestil. Die Kirche ist Grablege des Hauses Pfalz-Zweibrücken. Erwähnenswert sind darüber hinaus die spätbarocke St.-Antonius-Kirche und die ehemalige Synagoge, die heute als Haus der Begegnung dient.

Johanniterkommende und Landschreiberei »Gelbes Haus« in Meisenheim.

Pfälzer Höhenweg

Von Meisenheim nach Obermoschel

3.45 Std.
12,8 km

Durch das Nordpfälzer Bergland vom Glan zur Alsenz

Der Weg führt abwechselungs- und aussichtsreich durch Wald, Wiesen und Felder über die Höhen.

Ausgangspunkt: Meisenheim, 148 m. Erreichbar mit ÖPNV: Bahnlinie Mainz/Bingen – Bad Kreuznach – Bad Sobernheim – Saarbrücken, ab Bad Sobernheim-Bf. mit Buslinie 260 (Mo–Fr stündlich, Sa/So 2-stündlich). Mit dem Auto von A 61/Mainz/Bingen über die B 270. Parken am Obertor.
Endpunkt: Obermoschel, 170 m. Rückfahrt mit ÖPNV: Buslinien 915, 913 bis Alsenz-Bf. (nur Mo–Fr)/Alsenzbahn bis Bad Münster am Stein/Nahestrecke bis Bad Sobernheim/Buslinie 260. Taxi Meisenheim: Tel. 06753/2610. Mit dem Auto über B 270.
Höhenunterschied: Aufstieg ca. 380 m, Abstieg ca. 360 m.

Anforderungen: Sehr leichte Wanderung auf breiten, teilweise nicht gemähten Graswegen.
Einkehr: Meisenheim; Callbach; Obermoschel.
Unterkunft: Meisenheim siehe HW 3. Obermoschel: Kat. III: HR Burghotel Obermoschel (www.burghotel-obermoschel.de, Tel. 06362/92100).
Information: Tourist-Information Meisenheim s. HW 3. Donnersberg-Touristik-Verband (www.donnersberg-touristik.de, touristik@donnersberg.de, Tel. 06352/1712).
Tipps: Naheweinfest **Obermoschel** am 1. Wochenende im September. Mittelalterliches Spektakulum am 4. Wochenende im Juni auf der **Moschellandsburg**.

Blick auf Meisenheim.

Vom Marktplatz in der Altstadt von **Meisenheim (1)** folgen wir der Untergasse nach Norden und überqueren die Glanbrücke am Untertor. Wir folgen sogleich einem Pfad rechts in den Wald, gehen an der ersten Verzweigung links und erreichen den Aussichtspunkt **Juchhe (2)** wenige Meter unterhalb des Weges, wo uns die Altstadt von Meisenheim zu Füßen liegt. Von dort steigen wir kurz zurück, gehen knapp 100 m rechts – wobei wir den linken Weg wählen – und steigen im rechten Winkel zum Waldrand auf. Ein Grasweg bringt uns oberhalb des Krankenhauses durch Felder zu einem Asphaltweg.

An der nächsten Kreuzung, 268 m (Wegweiser »Keddarterhof«), gehen wir links hinab zum Bauernhof **Wieseck (3)**, ca. 226 m (20 Min.).

Unmittelbar vor dem Hof scharf rechts auf breitem Schotterweg hinab zur B 420. Die B 420 wird in den Wald hinauf gequert. Am ersten kreuzenden Pfad steigen wir nach rechts aus dem Hohlweg aus und folgen etwa 500 m einem fast ebenen Grasweg. Nachdem wir ein kleines Fichtenwäldchen passiert haben, steigen wir an einer Verzweigung rechts durch einen Laubtunnel zur B 420 in **Callbach (4)**, 183 m, ab (40 Min., Einkehr).

An der Bundesstraße gehen wir links und im Ort folgen wir der Richtung »Schmittweiler, Bürgerhaus«. An der Kirche gehen wir rechts die Straße

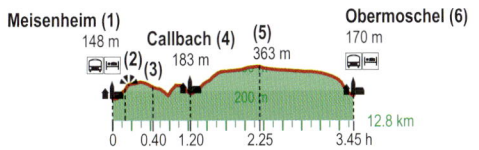

Pfälzer Höhenweg

»Kirchberg« empor. Ein aufwärtsführender Weg mit altem Pflaster, allerdings von Gras überwuchert, schließt sich an, der sogleich nach links abbiegt. Nach einer Rechtskurve folgen wir einem Grasweg scheinbar endlos (fast 1 km) durch Felder aufwärts, dann kurz auf Asphalt und auf losem Schotter weiter. Erst im Wald werden wir vom Schotter erlöst, indem wir halb links abbiegen. Nun gut 10 Min. auf einem Erdweg durch Laubwald und wenige Meter vor Austritt aus dem Wald nach links (Blick auf die Kuppel des Donnersberges). Auf ebenem Schotterweg erreichen wir eine Wegspinne am **Rettungspunkt 6312-610 (5)**, 363 m (70 Min.).

Hier führt der Höhenweg geradeaus weiter. Nach gut 10 Min. auf breitem Weg durch den Wald nehmen wir an einer Wegkreuzung den rechten Weg. Nach wiederum gut 10 Min. treten wir auf der Schiersfelder Höhe aus dem Wald heraus und genießen den Panoramablick links zur Lettweiler Höhe mit ihrem Windpark, rechts zu den Kuppen, die das Moscheltal umrahmen, und zum Donnersberg halb rechts. Nun geht es geradeaus durch Felder über den windexponierten Bergrücken.

Nachdem wir den **Abzweig** zum **Kahlforsterhof** (40 Min.) passiert haben und die Ruine Moschellandsburg auf der anderen Talseite der Moschel unmittelbar vor uns zu liegen scheint, wählen wir den zweiten Weg links hinab. Der nächste Querweg bringt uns rechts Richtung Obermoschel hinunter. In

Blick auf die Lettweiler Höhe.

In Obermoschel.

einer Rechtskurve tauchen wir links in einen grünen Blättertunnel ein, durch den ein Pfad zum alten jüdischen Friedhof am Ortsrand führt. Durch die Entengasse gelangen wir in das historische Zentrum von **Obermoschel (6)**, 170 m (25 Min., Einkehrmöglichkeit). Wer im Burg-Hotel Moschellandsburg übernachtet, muss nun noch den Schlossberg bezwingen.

> *Obermoschel*, die mit gut 1100 Einwohnern kleinste Stadt der Pfalz, und seine Burg Landsberg auf dem Moschellandsberg liegen strategisch im Kreuz von vier Tälern der Moschel und ihrer Seitenbäche. König Karl IV. verlieh Obermoschel im Jahre 1349 die Stadtrechte. Die Gegend um die Stadt hatte früher eine gewisse Bedeutung für den Silbererzbergbau. Erwähnenswerte Gebäude sind das Schuck'sche Haus im Renaissance-Stil, das Rathaus von 1510, das alte Gefängnis und das ehemalige Amtshaus. Von der Stadtmauer steht nur noch das Peterstürmchen. Der Ratskeller gilt als ältestes Gasthaus der Nordpfalz.

Pfälzer Höhenweg

HW5 — Von Obermoschel nach Rockenhausen

5.30 Std.
19,8 km

Wem die Stunde schlägt – über die Moschellandsburg zum Museum für Zeit

Auf breiten Wegen durch Felder und Wälder über die Höhen zwischen dem Alsenz- und dem Moscheltal. Eine imposante Burgruine und eine römische Ausgrabung liegen am Weg.

Sandsteinrelief in Rockenhausen.

Ausgangspunkt: Obermoschel, 170 m. Erreichbar mit ÖPNV: Alsenzbahn Kaiserslautern – Bad Kreuznach – Mainz/Bingen bis Alsenz-Bf./Buslinien 915 und 913 (nur Mo–Fr). Mit dem Auto: A 61/Mainz/Bingen über B 420; von Süden A 6/AS 17 Enkenbach-Alsenborn über B 48 – B 420.
Endpunkt: Rockenhausen, 200 m. Rückfahrt mit ÖPNV: Alsenzbahn bis Alsenz-Bf./Buslinien 915 und 913 (nur Mo–Fr). Taxi: Tel. 06361/929501. Mit dem Auto über B 48 – B 420.
Höhenunterschied: Aufstieg ingesamt ca. 520 m, Abstieg ca. 490 m.
Anforderungen: Längere Wanderung auf leichten Wegen.

Einkehr: Obermoschel: Weidelbacherhof/Hühnerhaus (Kiosk April–Ende Okt., Tel. 06362/654); Gasthaus zum Blauen Löwen in Neubau (Di–Sa 17–22 Uhr, So 11–22 Uhr, Tel. 06341/7981); Stahlberg: Gasthaus Maurer (Fr–So, Tel. 06361/8515); Rockenhausen.
Unterkunft: Obermoschel siehe HW 4. Stahlberg: Kat. II: Gasthaus Maurer (Tel. 06361/8515). Rockenhausen (Vorwahl 06361): Kat. IV: HR PRIMA Hotel Schloss Rockenhausen (www.primahotel-schlossrok.de, Tel. 92920). Kat. III: HR Pfälzer Hof (Tel. 458980, www.hotel-pfaelzerhof.de).
Information: Donnersberg-Touristik-Verband siehe HW 4.
Tipps: Rockenhausen (Vorwahl 06361): Pfälzisches Turmuhrenmuseum (Di–So 14.30–17.30 Uhr, www.museum-fuer-zeit.de, Tel. 3430); Museum Pachen (zurzeit Neukonzeption, Tel. 22136); Nordpfälzer Heimatmuseum (März–20. Dez., Do u. So 15–17 Uhr, Tel. 3449); Naturerlebnis(frei)bad (Mai–Sept., Tel. 993435). Kultur u. Feste: Freitag vor Pfingsten: Nacht der offenen Museen u. Galerien; Juli/Aug.: Musikalischer Sommer; 3. So im Okt.: Oktobermarkt in der Innenstadt (www.rockenhausen.de, Tel. 451-214).

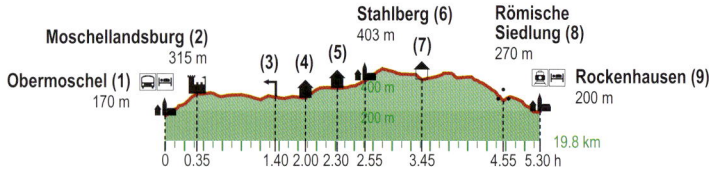

In **Obermoschel (1)** überquert der Pfälzer Höhenweg die Moschel und anschließend die L 379. Nach wenigen Metern auf der Straße führt der Weg geradeaus und anschließend auf Pfaden in Serpentinen zum Schlossberg hinauf. Auf der Bergspitze liegt die ausladende **Ruine der Moschellandsburg (2)**, ca. 315 m (30 Min., große Schutzhütte, Aussicht).

i *Die Anfänge der **Moschellandsburg** liegen im Dunkel der Geschichte. 1130 wurde sie erstmals urkundlich erwähnt. Die Grafen von Veldenz bauten die Burg aus. Im Jahre 1444 fielen die Besitztümer der Grafen in Erbfolge an die Herzöge von Zweibrücken, die sich fortan Herzöge von Zweibrücken-Veldenz nannten. Im Dreißigjährigen Krieg wurde die Burg von Spaniern und Schweden belagert und 1635 schließlich eingenommen; nach dem Krieg wurde sie schlossähnlich ausgebaut. Nach der Zerstörung 1689 durch die Franzosen verblieb eine imposante Ruine, deren Grundriss typische Merkmale einer mittelalterlichen Burg zeigt.*

Wir verlassen die Burganlage nach Osten durch das Haupttor, steigen kurz an einem Weinberg bergauf, gehen oberhalb von ihm auf einem Schotterweg in den Wald und anschließend in die Felder. Dort biegen wir am zweiten Weg rechts ab (kurz vorher kommt von links der Zugangsweg von Alsenz heran), nehmen den ersten Weg links zum Wald, gehen kurz hindurch und wieder in die Felder und wählen (am

Pfälzer Höhenweg

Punkt 301,8 m) rechts den Schotterweg mit Graskamm Richtung Wald. Der anschließende schlechte Weg durch den Wald bereitet uns keine Freude. Wieder in der freien Landschaft, wandern wir an einer Wegkreuzung in der Nähe eines Leitungsmastes geradeaus auf einem Schotter-/Grasweg leicht ansteigend zum kahlen Hasenberg. Der Weg verläuft weiter geradeaus und schließlich parallel zu Hochspannungsleitungen. Hier können wir **links (3)**, 292 m (60 Min.), einen ca. 250 m langen Abstecher zur **Burgruine Randeck** machen, von der jedoch nur wenige Reste zu sehen sind.

Die auf einem Bergvorsprung über dem Dörfchen Mannweiler im Alsenztal liegende Burg Randeck wurde im 12. Jh. als Reichsburg errichtet und war später Ganerbenburg der Ritter von Löwenstein und Flersheim. Nach der Zerstörung im Pfälzischen Erbfolgekrieg sind heute noch Reste von Türmen und die Grundmauern erhalten.

Danach kreuzen wir die K 16, unterqueren die Stromleitungen und erreichen einen Asphaltweg. Ihm folgen wir bis zum **Weidelbacherhof/Hühnerhaus (4)**. Dort geht es mit dem weißen Kreuz auf Schotter und Gras geradeaus in den Wald und auf einer Forstpiste bis vor das Ortsschild von **Neubau (5)**, 353 m (60 Min.). Hier gehen wir links ein kurzes Stück an der L 385 entlang, biegen rechts zum Sportplatz ab und gelangen erneut in einen Wald. An einer Viehweide rechts, an einem querenden breiten Schotterweg rechts hinauf und schließlich knapp östlich an Stahlberg vorbei.
Am östlichen Ortsrand von **Stahlberg (6)**, 403 m (20 Min.), setzen wir unsere Wanderung im Wald fort. Dort halten wir uns zunächst links und wandern dann etwa 15 Min. geradeaus auf einem breiten Weg, der an einem querenden Schotterweg, 484 m, endet. Hier führt uns die Markierung des Höhenweges – vorbei an einer Schutzhütte – links abwärts und nach ca. 500 m zu einer Wegspinne mit Rettungspunkt, 435 m. Hier verlassen wir das weiße Kreuz, indem wir am Beginn der Spinne rechts hinauf abbiegen. Nach etwa 20 Min. erreichen wir den Waldrand an einem **Unterstand (7)** und einem Rastplatz bei Punkt 409,3 m (45 Min.). (Wer diesen Umweg abkürzen möchte, geht am querenden Schotterweg rechts anstatt links und hält sich geradeaus zu Waldrand und Unterstand.)
Vom Unterstand folgen wir einem aussichtsreichen Weg über einen Höhenrücken und einen Rastplatz bei Punkt 424,3 m. An seinem Ende steigen wir ab und wieder auf bis vor ein Wäldchen, 440 m, und wandern links auf Gras über einen Bergrücken abwärts. Nachdem nur einige Meter Asphalt berührt wurden, dreht der Weg leicht nach links. (Hier kann rechts Richtung Alsenztal abgekürzt werden.) Nun läuft ein Grasweg, in den die schweren landwirtschaftlichen Traktoren tiefe Furchen gezogen haben, geradeaus zu Tal. Zuletzt auf Asphalt erreichen wir die **Römische Siedlung (8)** bei Katzenbach, 270 m (70 Min., Wetterschutz), von der nur die Grundmauern zu sehen sind.

Pfälzer Höhenweg

Von der Römischen Siedlung wenden wir uns einem Grasweg zu, der wieder den Hang hinauf und anschließend nach Rockenhausen hinabführt. In der ersten Wohnstraße des Städtchens wandern wir scharf links abwärts, überqueren die L 386 an der Ampel, gehen rechts hinab und unterqueren im Fußgängertunnel die B 48 und die Bahnlinie. Dann sind es nur noch wenige Meter ins Zentrum bzw. rechts zum Bahnhof von **Rockenhausen (9)**, 200 m (30 Min.).

> *Rockenhausen erhielt im Jahr 1332 die Stadtrechte und hat derzeit rund 5500 Einwohner. Das Schloss war ursprünglich eine Wasserburg. Diese wurde im 16. Jh. durch ein repräsentatives Wohnschloss ersetzt, das wie die Stadt im Dreißigjährigen Krieg und im Pfälzischen Erbfolgekrieg zerstört wurde. Das heutige Schloss beherbergt das Schlosshotel. Die Altstadt mit dem Marktplatz und die kleinen Museen (siehe »Tipps«) gewährleisten einen kurzweiligen Aufenthalt.*

Museum für Zeit in Rockenhausen.

Pfälzer Höhenweg

Von Rockenhausen zum Bastenhaus

`4.30 Std.`
`15,5 km`

Durch die Bucklige Welt zum höchsten Dorf der Pfalz

Wir nähern uns auf Gras-, Wald- und Schotterwegen im Auf und Ab dem Donnersberg.

Ausgangspunkt: Rockenhausen, 200 m. Erreichbar mit ÖPNV: Alsenzbahn Kaiserslautern – Bad Kreuznach – Mainz/Bingen. Mit dem Auto (Parken am Bahnhof): B 48 Bad Kreuznach – A 63/A 6.
Endpunkt: Bastenhaus, 463 m. Rückfahrt mit ÖPNV: Buslinie 901, 906 (nur Mo–Fr). Taxi Rockenhausen: Tel. 06361/929501 oder Kirchheimbolanden Tel. 06352/750404. Mit dem Auto über L 386.
Höhenunterschied: Aufstieg 520 m, Abstieg 260 m.
Anforderungen: Leichte Wege von mittlerer Länge.
Einkehr: Rockenhausen; Würzweiler: Bürgerhaus (vorübergehend geschlossen); Ruppertsecken: Bastenhaus (www.bastenhaus.de, kein Ruhetag).
Unterkunft: Rockenhausen siehe HW 5. **Bastenhaus:** Kat. IV – HR Bastenhaus (www.bastenhaus.de, Tel. 06357/975900).
Information: Donnersberg-Touristik-Verband siehe HW 4.

Vom **Bahnhof** in **Rockenhausen (1)** gehen wir nach Norden (Fahrtrichtung Bingen) bis zur Fußgängerunterführung, wo wir auf den Höhenweg treffen. Mit wenigen Schritten nach rechts über den Parkplatz begeben wir uns zum Rathaus (Tourist-Information) und zum Heimatmuseum. Nach rechts überqueren wir die Alsenz auf einem Steg in den kleinen Park (Weinkelter, Römisches Grab) und gehen zwischen Schlosshotel und Schlossapotheke hindurch zum Turmuhrenmuseum (links), zur evangelischen Kirche und zum **Marktplatz** (Napoleonsbank, Statue eines Biedermeierehepaares, Einkehrmöglichkeit) und damit in den Kern der heimeligen Altstadt. Wir überqueren

Blick auf Ruppertsecken, das höchstgelegene Dorf der Pfalz, am Horizont.

den Marktplatz, gehen in der Luitpoldstraße links, in der Kreuznacher Straße wieder links und biegen in die Parkstraße ein, wo wir zuletzt über Stufen einen Spielplatz erreichen. Hier wenden wir uns nach rechts, an der Haltestelle des Citymobils links und hinauf zum **Schützenhaus (2)**, 20 Min. (Einkehrmöglichkeit).

Halb links steigt der Höhenweg steil auf zu einem querenden Grasweg. Hier steht rechts 20 m entfernt eine Bank, von der aus der Grasweg fast eben und aussichtsreich durch aufgegebenes Kulturland leitet. Auf einer Wiese wendet sich unser Weg talwärts zur Straße, der wir etwa 40 m nach links folgen, um dann nach links auf einem Feldweg das Enzelbachtal hinaufzuwandern. Die Fischteiche bleiben links liegen. an einer Verzweigung nehmen wir den linken ausgefahrenen Weg. Mit einem kleinen Umweg durch Wald und am

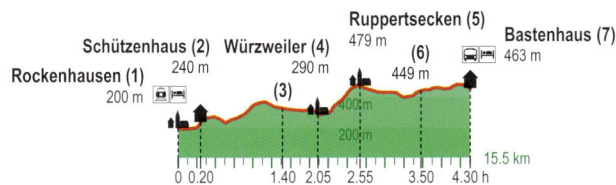

Pfälzer Höhenweg

Waldrand entlang kommen wir zu einem querenden Schotterweg (Punkt 377,4 m), über den früher einmal eine Römerstraße lief. Er bringt uns links am Waldsaum zum Rettungspunkt 6313-800. Wir bleiben diesem Weg treu bis zur **Straßenkreuzung L 386/L 400 (3)**, wo wir im Bereich der Wüstung Wittgemark geradeaus der Straße folgen und nach ca. 150 m an einem Brunnen links auf einem Grasweg in den Wald eintauchen. Bei Austritt aus dem Wald wandern wir rechts zur Straße und dort sogleich links auf Asphalt durch die Felder, bis uns der nächste Asphaltweg rechts hinab nach **Würzweiler (4)**, ca. 290 m (100 Min.), leitet.

Kurz nach Eintritt in den Ort werden wir zur Kirche geführt. Dort abwärts queren wir die Hauptstraße (L 400) in die Bachstraße, überschreiten den Appelbach, gehen halb links wieder aus dem Ort hinaus. Geradeaus führt uns ein Weg in das Tälchen des Tiefenbachs. Von dort steigen wir an einem Wasserbehälter vorbei den Eichberg hinauf. Rückwärtsgewandt öffen sich zunehmend Weitblicke über das Nordpfälzer Bergland. Am Waldrand angelangt, wählt der Höhenweg halb rechts den Asphaltweg. Wenige Minuten später wird er durch den schönen Schlossberg-Steig links hinauf abgelöst. Dabei passieren wir einen nur 40 m entfernten überdachten Rastplatz mit umfassender Aussicht. Den Platz der ehemaligen Burg auf der Bergspitze hat heute ein Wasserbehälter eingenommen. Am entgegengesetzten Ende des

Blick vom Schlossberg in Ruppertsecken.

Am Bastenhaus.

Schlossberges geht es über Stufen abwärts. Uns beim Feuerwehrhaus und Guckkastenmuseum nach links wendend, befinden wir uns mitten in **Ruppertsecken (5)**, 498 m (45 Min., Einkehr, höchstes Dorf der Pfalz).
Wir verlassen Ruppertsecken, indem wir die Hauptstraße (K 34) an der Gaststätte Donnersbergblick vorbei aus dem Ort hinauswandern. Dort wählen wir links einen Feldweg zum Waldrand. Nach ca. 200 m im Wald biegen wir rechts ab und wandern ungefähr auf gleicher Höhe bleibend durch Buchenhochwald bis zum Rettungspunkt 6313-809. Eine Linkskehre führt uns zum Bach hinab, vor dem Bach wenden wir uns scharf nach rechts und dann in einem Linksbogen zum **Rettungspunkt 6313-813 (6)**. Hier folgen wir breiten, manchmal etwas eingegrünten Schotterwegen bis zur K 34, ohne uns von querenden Waldwegen beirren zu lassen. Wir müssen ca. 150 m nach rechts an der Kreisstraße entlanggehen, um nach links wieder in den Wald eintauchen zu können. Nach etwa 500 m an einem Querweg rechts und bei nächster Gelegenheit links kommen wir zur Straßenkreuzung und zum Hotel-Restaurant **Bastenhaus (7)**, 463 m (90 Min., Einkehr- und Übernachtungsmöglichkeit, Bushaltestelle Linien 906, 901, Parkplätze).

Pfälzer Höhenweg

HW7 — Vom Bastenhaus nach Dannenfels

4.15 Std. • 15,1 km

Hinauf zur großen Stadt der Kelten

In der Westflanke des Porphyrdoms des Donnersberges zur Burgruine Falkenstein und über das Gipfelplateau mit seinen keltischen Ringwällen auf Pfaden hinab nach Dannenfels.

Ausgangspunkt: Bastenhaus, 463 m. Erreichbar mit ÖPNV: Buslinien 901, 906 ab Kirchheimbolanden und Rockenhausen (nur Mo–Fr); Mai–Okt. Linie 903 (nur So u. Fei). Mit dem Auto von Kirchheimbolanden und Rockenhausen über L 386, mehrere Parkplätze.

Endpunkt: Dannenfels, 400 m. Rückfahrt mit ÖPNV: Buslinien 901, 906 (nur Mo–Fr). Taxi Kirchheimbolanden: Tel. 06352/789799 oder 750404. Mit dem Auto: L 394.

Höhenunterschied: Aufstieg Insgesamt ca. 380 m, Abstieg ca. 450 m.

Anforderungen: Ganz überwiegend breite Wege, Abstieg nach Dannenfels auf Pfaden.

Einkehr: Bastenhaus; Marienthal: Blockhütte Marienthal (zz. geschlossen); Falkenstein: Falkensteinerhof (täglich 10–21 Uhr, Nov.–März Mo/Di Ruhetag, Tel. 06302/924555); Kronbuchhütte (So/feiertags, Tel. 06302/2546); Keltenhütte (Sa/So/feiertags 10.30–18 Uhr, Tel. 06357/975900), Waldhaus (10–19 Uhr, Mo Ruhetag, Tel. 06357/254); Dannenfels: Landgasthof Pfalzblick (Tel. 06357/5090527, Mi–Fr 17–22 Uhr, Sa 12–22 Uhr, So 11–22 Uhr, Mo/Di Ruhetag); HR Bar mit Café Geg'nüber.

Unterkunft: Bastenhaus siehe HW 6. Falkenstein: Kolping Familien- und Jugendhaus Falkenstein (nur für Gruppen, www.kolping-rohrbach.de, falkenstein@kolping-rohrbach.de, Tel. 06894/580385). Dannenfels (Vorwahl 06357): Kat. IV: HR Kastanienhof (www.kastanienhof.com, Tel. 9890730). Kat. III: HR Landhotel Berg (www.hotel-berg.de, Tel. 97350). Weitere Hotels 7 km entfernt in **Kirchheimbolanden** (Vorwahl 06352): Kat. III-IV: HR Braun (www.hotelbraun.de, Tel. 40060). Kat. III: HR Schillerhain (www.schillerhain.de, Tel. 7120).

Information: Donnersberg-Touristik-Verband siehe HW 4.

Am Hühnerberg.

Pfälzer Höhenweg

Von der Straßenkreuzung am **Bastenhaus (1)** gehen wir wenige Schritte Richtung Donnersberg, biegen gleich an der Bushaltestelle rechts ab und wandern unter einer Stromleitung entlang. Auf breitem Schotterweg mit leichtem Gefälle geht es vorbei an einer Quellfassung. Am Wegweiser »**Mordkammerbach-Nord« (2)**, 384 m (40 Min.), treten wir aus dem Wald hinaus und können nach **Marienthal** (Einkehr- und Übernachtungsmöglichkeit) hinuntergehen. Weiter auf Asphalt zum Bauernhof **Mordkammerhof** und auf Schotter in den Wald und das feuchte Mordkammertal hinein, das wir nach rechts auf morastigem Weg queren. Anschließend steigen wir im Wald auf. Bereits wieder außerhalb des Waldes wenden wir uns am querenden Schotterweg nach links. Nach etwa 1 km durch Wald kommen wir in das kleine Aspental. Hier biegen wir nach Passieren einer Viehweide rechts in einen schmaleren Waldweg ein. Etwas anstrengend steigen wir im Wald empor,

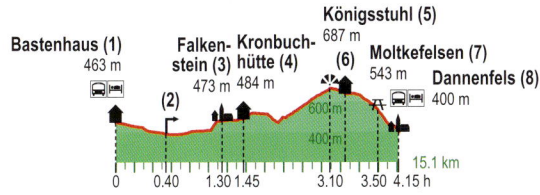

rechts begleitet von Weiden, bis wir unter einer mächtigen Buche den Querweg nach rechts wählen. Dieser bringt uns unter eine Brücke. Geradeaus führt der Weg hinab zu der mit 25 % Gefälle steilsten Straße der Pfalz, zur Burgruine und zum nur rund 200 Einwohner zählenden Ort **Falkenstein (3)**.

> *Die Ruine der **Burg Falkenstein** thront auf einem Melaphyrfelsen hoch über dem Dorf und dem Falkensteiner Tal und gewährt eine entsprechende Aussicht. Die Burg der Herren von Falkenstein wurde 1135 erstmals urkundlich erwähnt. Sie wurde 1647 und 1794 von französischen Truppen zerstört. Seit 1458 war die Grafschaft Falkenstein lothringisch und kam durch den Gemahl Maria Theresias zu Habsburg, wo sie bis zum Frieden von Lunéville 1801 verblieb. Die Freilichtbühne in der Burgruine ist Schauplatz verschiedener Veranstaltungen.*

Wer auf die Brücke hinaufsteigt, gelangt über das Sträßchen zum Gasthaus Falkensteinerhof mit seiner Aussichtsterrasse, rechts führt der Höhenweg nach wenigen Metern zu einem Wanderparkplatz mit Rastplatz, 473 m (Wegweiser »Falkenstein nördlicher Ortseingang«, 50 Min.). Wir folgen der Weg-

Gastlichkeit am Falkensteiner Hof.

Ruine Falkenstein.

weisung nach links auf dem unteren Weg zur **Kronbuchhütte (4)**, 484 m (15 Min., Einkehr So/feiertags). Auf breitem, leicht ansteigendem Weg gelangen wir zur Wegspinne **Grohes Rondell** mit dem Torso einer Buche (520 m, 15 Min.). Der Forstweg führt geradeaus abwärts zur Wegspinne **Krummkehr**, 450 m (15 Min., Schutzhütte). Halb links steigt ein Schotterweg sanft an zur Wegkreuzung **Hühnerberg**, 513 m (15 Min., Rastplatz).
Weiter geht es – leider immer noch auf breitem Weg – leicht ansteigend nach links. Wo die Steigung nach gut 20 Min. endet, werden wir auf einem schmaleren Weg, begleitet von einem noch gut erkennbaren ehemaligen keltischen Ringwall, hinauf zum höchsten Punkt des Donnersberges und der gesamten Pfalz geführt, den **Königsstuhl (5)**, 687 m (35 Min., Aussicht insbesondere auf Ruppertsecken).
Nun leitet uns ein schmalerer Weg vorbei am sichtbaren Fernsehturm zur **Keltenhütte (6)**, 652 m (15 Min., Einkehrmöglichkeiten, Parkplätze, Bushaltestelle Linie 903, nur So 14.30 und 17 Uhr nach Bastenhaus, Dannenfels, Steinbach, Winnweiler-Bf.).

Donnersberglandschaft bei Falkenstein.

[i] Hier befinden wir uns auf dem **Donnersberg**, wenn auch der von uns bereits überschrittene Königsstuhl den höchsten Punkt dieses Rhyolithmassivs darstellt. Unweit des Königsstuhls befindet sich der an Himmelfahrt 1864 in Gegenwart mehrerer Tausend Menschen eingeweihte 27 m hohe Ludwigsturm, benannt nach Ludwig II. von Bayern (Sa/So zu besteigen, für Gruppen nach Anmeldung auch zu anderen Zeiten, Tel. 06357/1614, Di–Fr 14–17.30 Uhr). Östlich der Parkplätze wurde ein Stück des keltischen Ringwalls rekonstruiert, das einen Eindruck von der Mächtigkeit der Befestigungsanlage vermittelt. Auf dem Donnersberg-Plateau befanden sich im 14. bis 16. Jh. ein Kloster und im 17. bis 19. Jh. ein Gutshof.

[i] **Die Kelten am Donnersberg:** Die Ringwallanlage am Donnersberg misst eine Länge von 8,5 km und umfasst eine Fläche von 240 ha. Die Wälle sind die Reste einer etwa 4,5 m hohen Trockenmauer, die auf der Rückseite durch einen rampenartigen Wall gestützt wurde. Darüber bestand eine Brustwehr aus Eichenbohlen. Diese Verteidigungsanlage beschützte ab etwa der zweiten Hälfte des 2. Jh. v. Chr. eine der größten spätkeltischen Stadtanlagen. Der Keltenweg führt über 8,5 km zu den Ausgrabungsstätten und oberirdischen Denkmälern des Oppidums (Stadtanlage). In **Steinbach** sind – abseits der achten Etappe des Pfälzer Höhenweges – ein nachgebautes Keltendorf und ein nachempfundener Keltengarten zu besichtigen.

Pfälzer Höhenweg

An der Keltenhütte wenden wir uns nach rechts in einen Grasweg und kommen in wenigen Minuten zum **Ludwigsturm**. Hier halten wir uns etwas links und überschreiten sogleich den Keltenwall und einen Schotterweg. Unmittelbar nach dem Schotterweg lohnt nach links ein Abstecher auf undeutlichem Waldweg zur gut 100 m entfernten rekonstruierten Keltenmauer.
Zurück auf dem Höhenweg erreichen wir in weniger als 10 Min. die Schutzhütte am **Hirtenfels**, 630 m (15 Min., Aussicht; Hirtenfels 20 m, Kosakenfels 200 m entfernt).
Wir benutzen nach rechts für 20 m einen breiten Weg, um dann auf schmalen Wegen und teilweise steinigen Pfaden zum **Moltkefelsen (7)**, 543 m, abzusteigen (10 Min., grandiose Aussicht, Rastplatz, Startplatz für Gleitschirmflieger). Unter uns liegt der **Adlerbogen** (siehe Foto im Innentitel), zu dem wir nun absteigen.

i *Der **Adlerbogen** wurde 1880 in Erinnerung an den siegreichen Krieg in den Jahren 1870/71 gegen Frankreich errichtet. Auf den beidseitigen Konsolen waren der damalige Reichskanzler Bismarck und der Militärstratege Moltke dargestellt. Der Adler und die beiden Figuren wurden am Ende des Zweiten Weltkrieges zerschossen, der Adler 1981 wieder instand gesetzt.*

Schmale Pfade führen uns weiter abwärts zum Kloster Gethsemani und zur Straße, auf der wir ca. 100 m aufsteigen, um gegenüber dem Eingang zum Kloster unseren Abstieg fortzusetzen.
Dabei kommen wir wieder zur Straße, deren Serpentine wir abgeschnitten haben. Während der Pfälzer Höhenweg rechts Richtung Winnweiler weiterläuft, biegen wir links ein, um das Zentrum von **Dannenfels (8)**, 400 m (15 Min., Einkehr- und Übernachtungsmöglichkeiten), zu erreichen.

Ludwigsturm.

Pfälzer Höhenweg

Von Dannenfels nach Winnweiler

5.00 Std.
17,1 km

Eisen, Kupfer, Silber – zum ehemaligen Erzbergbau

Im Auf und Ab durch die Südflanke des Donnersberges mit zwei erlebenswerten Varianten, die insgesamt nur 30 Minuten mehr Zeit beanspruchen: auf reizvollen Pfaden in das Wildensteiner Tal und rund um die Kupferberghütte.

Ausgangspunkt: Dannenfels, 400 m. Erreichbar mit ÖPNV: von Kirchheimbolanden Buslinien 901, 906, 903 (Mo–Fr, So zwei Verbindungen); von Rockenhausen Buslinien 901, 906 (Mo–Fr); Winnweiler Buslinie 903 (Mo–Fr, So eine Verbindung). Mit dem Auto: L 398 von Kirchheimbolanden; B 47/L 397 von A 6/AS 18 Wattenheim; von Kaiserslautern A 63 AS 17 Göllheim – L 397. Parkleitsystem.
Endpunkt: Winnweiler, 245 m. Rückfahrt mit ÖPNV: Buslinie 903 (Mo–Fr, So eine Verbindung). Mit dem Auto (Parken rund um den Bahnhof): K 10 bis Langmeil,

Pfälzer Höhenweg

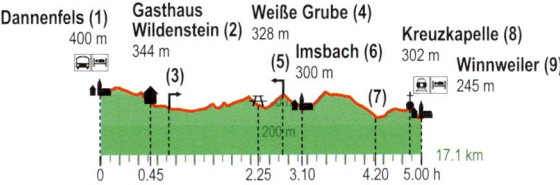

L 401 – L 394 über Steinbach.
Rückreise: Alsenzbahn im Stundenrhythmus über Bad Münster am Stein nach Bingen und Mainz bzw. nach Kaiserslautern. Mit dem Auto über die A 63 Richtung Alzey bzw. Kaiserslautern.
Höhenunterschied: Aufstieg ca. 480 m, Abstieg ca. 630 m.
Anforderungen: Kurze Auf- und Abstiege. Aufmerksamkeit erforderlich an Abzweigungen, wo sich deutliche Pfade erst noch herausbilden werden.
Einkehr: Dannenfels; Gasthaus Wildenstein (Mo–Sa ab 11.30 Uhr, So/feiertags ab 11 Uhr, Fr Ruhetag, Tel. 06357/7894); Steinbach (1 km abseits): Restaurant Max (Do–So ab 17.30 Uhr, So auch 12–14 Uhr, Mo–Mi Ruhetage, Tel. 06302/609494); Restaurant Bischoff Tel. 06302/6073782); Pizzeria Bellavista (Di–Fr 17–23, Sa 15–23 Uhr, So 10–23 Uhr, Mo Ruhetag, Tel. 06357/1016); Kupferberghütte (Ostermontag bis Ende Okt., So/feiertags 10–18 Uhr, Tel. 06302/2304); Imsbach: Zum Eiserne Mann (Mi–Sa 17–22 Uhr, So 11–22 Uhr, Tel. 06302/9815684); Winnweiler.

Unterkunft: Dannenfels siehe HW 7. **Steinbach:** JH Steinbach (www.diejugendherbergen.de, Tel. 06357/360). 3 km von Winnweiler in **Münchweiler:** Kat. V: HR Klostermühle (www.klostermuehle.com, Tel. 06302/92200).
Information: Donnersberg-Touristik-Verband siehe HW 4.
Tipps: Keltendorf und Keltengarten Stoinbach (ca. Anfang April–Ende Okt., Sa 11–17 Uhr, So/feiertags 19–17 Uhr, Gruppen ab 15 Personen auf Anfrage auch Mo–Fr; Keltendorf: www.keltendorf-steinbach.de, Tel. 05352/1712; Keltengarten: www.keltengarten.de, Tel. 06352/789436 oder 0174/3704114). Bergbauerlebniswelt Imsbach (Pfälzisches Bergbaumuseum, Weiße Grube, Grube Maria, ca. Anfang April–Ende Okt., Sa 13–17 Uhr, So/feiertags 10–17 Uhr, Gruppen auf Anfrage auch Mo–Fr, www.bergbauerlebniswelt-imsbach.de, Tel. 06352/1712). Pfälzischer Bergbautag Anfang Juli und Donnersberger Mineralien- und Fossilienbörse drittes Wochenende im September (Tel. 06352/1712).

Wer mit dem Bus nach **Dannenfels (1)** anreist, folgt ab Haltestelle »Rathaus« der Oberstraße und ab Hotel Berg der Donnersbergstraße und trifft auf das Symbol des Pfälzer Höhenweges. In der scharfen Rechtskurve der Straße verlassen wir diese geradeaus. Ein Teerweg führt im Rechtsbogen in den Wald. Bald geht es auf Kies weiter, bevor wir uns links haltend einem schmalen Waldweg widmen, der in einen breiteren Weg mündet; hier rechts.
Nachdem ein aufsteigender breiter Weg gekreuzt ist, wandern wir auf einem allmählich absteigenden Pfad weiter. Der Pfälzer Höhenweg folgt dann dem ersten kreuzenden Weg links hinab in 5 Min. zum **Gasthaus Wildenstein (2)**, 344 m (40 Min.).

Kupferberghütte.

Variante Wildensteiner Tal (10 Min. länger, aber ungleich schöner): Wer nicht einkehren möchte, sollte vor dem Abstieg zum Gasthaus Wildenstein der blau-roten sowie gelben Markierung des Pfälzerwald-Vereins folgen! Der Pfad läuft durch den Südhang des Herkulesberges zunächst durch lichten, mediterran anmutenden Kiefernwald. Wir gehen auf zu Kies zerbröseltem Fels unterhalb des Reißenden Fels. Dann ändert sich die Landschaft völlig: Wir dringen in das schattige **Wildensteiner Tal** ein. (Vorsicht bei nassem Laub!) Den Wildensteiner Bach überwinden wir mittels eines Steges und folgen dem Wasserlauf zunächst auf Erde, dann auf Schotter. An einem Rastplatz erreichen wir einen breiten Forstweg und damit wieder den Pfälzer Höhenweg.

Der Höhenweg führt vom Parkplatz gegenüber dem Gasthaus Wildenstein kurz auf einem Schotterweg ins Tal; man wählt dann den sogleich links abzweigenden Waldweg. Er führt moderat hinab und am Wildensteiner Bach entlang zum Treffpunkt mit unserer o. a. Variante (Rastplatz sowie Skulptur 10 des Keltenweges).

Pfälzer Höhenweg

Anschließend folgen wir dem Höhenweg nach Süden durch den Wald, dann durch Obstwiesen. Bevor wir ein kleines Tal queren, bietet sich links ein **Abzweig zum Keltengarten (3)**, 317 m (15 Min., bzw. 25 Min. mit Variante Wildensteiner Tal), und nach **Steinbach** an. Etwa 500 m nach dem Rettungspunkt 6313-874 biegen wir vom breiten Weg nach rechts in einen Waldweg ab, der in einen morastigen, von Steinbach heraufziehenden Weg mündet. Im **Borntal** müssen wir mit dem morastigen Weg leben, bis wir den Bach queren und fast 200 m lang an der anderen Talseite bergauf wandern. Dann führt in spitzem Winkel ein Pfad aufwärts zu einem breiten Weg, dem wir 50 m nach links abwärts folgen, bevor wir rechts auf kaum erkennbarem Pfad in Serpentinen in das grüne Tal des Laubachs absteigen. Nachdem wir etwa 300 m talaufwärts gegangen sind, balancieren wir auf einem Steg über den **Laubach**. Nun führt ein steiler Pfad zu einem bewaldeten Rücken, über den ein Weg zieht. Hier links oder fast geradeaus die ersten Meter weglos, dann auf einem Pfad hinab in ein weiteres Tälchen und zum **Abzweig** zum **Hahnweilerhof**, 327 m (50 Min.).

Weiter geht es auf dem Höhenweg am kühlen Bach aufwärts. Nachdem wir eine **Eremitenklause** aus dem 15. Jh. (schattiger Rastplatz) passiert haben, biegt unser Weg nach links. Wir machen einen kurzen Ausflug in die Felder und finden uns danach im Wald wieder. Am **Waldhaus Klausberg,** 370 m (20 Min.), biegen wir rechts ab und nach 100 m gehen wir links durch Eichenwald, danach durch Buchenwald und schließlich auf einem Graswege abwärts zur **Weißen Grube (4)**, 328 m (15 Min., siehe »Tipps«).

*In früheren Zeiten war der **Bergbau am Donnersberg** von einiger Bedeutung. Der Donnersberg, vulkanischen Ursprungs, ist aus hartem Rhyolith (Quarzporphyr) aufgebaut. Tektonische Spannungen führten zu Rissen und Schwächezonen im Gestein, in denen gelöste Mineralien aufstiegen und in Erzgängen kristallisierten. Die verschiedenen Metallverbindungen bestehen am Donnersberg aus Kupfer-, Silber-, Kobalt- und Eisenerzen. Die Erze wurden im Raum Imsbach bereits von den Kelten und Römern abgebaut. Mit Unterbrechungen erlebte der Erzabbau im 18. Jh. seine Blütezeit, bei späteren Bemühungen erwiesen sich die Vorkommen dann als weitestgehend erschöpft. Im Zuge der Autarkiebestrebungen im sogenannten Dritten Reich wurden die letzten – erfolglosen – Prospektionen durchgeführt.*

*Seit 1979 wird mit der Eröffnung des Schaubergwerkes Weiße Grube die Geschichte des ehemaligen Bergbaudorfes Imsbach anschaulich historisch aufgearbeitet und touristisch vermarktet. Neben der Weißen Grube kann heute auch in die Grube Maria eingefahren werden. Das Pfälzische Bergbaumuseum in **Imsbach** widmet sich auch anderen Rohstoffen und ihrer Gewinnung bis hin zum Erdöl. Zudem wird der interessierte Wanderer auf drei Montanwegen zwischen 3,3 und 7,1 km Länge zu den Relikten des Erzgbaus geführt (www.bergbauerlebniswelt-imsbach.de, Donnersberg-Tourismus-Verband, Tel. 06352/1712).*

Aussicht an der Kupferberghütte.

Auf Kies gehen wir zum Parkplatz »Weiße Grube« hinab. Wir folgen der Asphaltstraße etwa 150 m und biegen hinter einer Wiese rechts ein. Nur 30 m geht es im Wald steil bergan, dann leitet ein schöner Pfad im Hang durch Buchenhochwald, zuletzt auf einem Rücken zu »Benders Buckel«. Der Platz »Kühunter«, 387 m (20 Min.), mit 4 Wegweisern ist bald erreicht, **Abzweig zur Kupferberghütte (5)**.

Variante (ca. 20 Min. länger): Dem angebotenen Abstecher (W im Kreis und blauer Punkt) zur Kupferberghütte, einem der schönsten Aussichtsplätze in der Pfalz, sollten wir unbedingt folgen und ihn zu einem Rundweg vervollkommnen. Die winzige Kupferberghütte bietet neben der grandiosen Aussicht lauschige Lauben, ist an sonnigen Sonntagen, wenn sie bewirtschaftet ist, allerdings sehr stark frequentiert.
Von der Hütte steigt unser erlebnisreicher Rundweg mit dem W und dem blauen Punkt zunächst auf steilem Pfad Richtung Imsbach ab. Etwa nach 5 Min., 20 m bevor unser Blauer-Punkt-Weg rechts umbiegt (dort verbirgt sich 20 m links eine Hütte zwischen den Bäumen), biegen wir scharf rechts in den ersten, unmarkierten Pfad ab Kupferberghütte ein. Der Pfad ist nur zunächst etwas undeutlich erkennbar und umrundet ohne Höhenunterschiede den Kupferberg. Etwa 40 m vor dem Kühunter-Platz treffen wir wieder auf den entgegenkommenden Höhenweg.

Der Höhenweg führt auf einem Pfad hinab zum Wegweiser »Elsenbrunnen«. Ca. 50 m rechts liegt die winzige gefasste Quelle in Gesellschaft mächtiger Fichten, Bänken und Gartenzwergen. Wir laufen nun das Schweinstal hinab, senkrechte Felswände stehen am Weg. Wir passieren den Friedrichstollen und könnten wenige Meter weiter den Theodorschacht (Erläuterungen zum Bergbau) erreichen. Vorher steigen wir links in eine Rinne hinab und gelangen an den Ortsrand von **Imsbach (6)**.

Wir gehen sogleich rechts wieder aus dem Ort hinaus bis zu einem Wanderparkplatz an einem Steinbruch. Hier folgen wir nicht etwa dem breiten beschrankten Weg, sondern dem links beginnenden Pfad, der ungefähr 1 km lang durch den Hang hinaufzieht, bis er auf einen breiteren Querweg trifft. Hier scharf links gehend, können wir uns vom langen Aufstieg erholen. Ab

Pfälzer Höhenweg

einem Rastplatz wandern wir rechts auf einem breiten Weg etwa 400 m aufwärts. Dort in einer scharfen Linkskurve rechts haltend, gelangen wir zu einem schönen Aussichtspunkt über den Felsklippen des Falkensteiner Tales. Es geht hinab bis zu einem Rettungspunkt, dort wenige Meter nach rechts, dann links abwärts. Nach ca. 250 m biegen wir rechts ab und steigen auf einem Pfad bis zur **K 37 (7)**, ca. 243 m (55 Min.), hinunter.
Wir gehen zur Einmündung in die L 392, an ihr wenige Meter links und auf einem Grasweg rechts in den Wald hinein. Dort steigt rechts ein Pfad in Kehren auf. Danach wandern wir rechts auf einem zunächst tiefgründigen Erdweg, passieren eine Schutzhütte und kommen auf Schotter aus dem Wald hinaus in eine schöne Eichenallee.

An einem Feldkreuz wandern wir links hinauf bis zu einem Rastplatz und dort rechts zur **Kreuzkapelle (8)**, 302 m (25 Min., Aussicht). Die Kapelle wurde 1728 unter österreichischer Herrschaft errichtet und diente den kaiserlichen Beamten des Winnweiler Oberamtes als Grablege. Ein Grasweg führt uns durch Obstwiesen ziemlich direkt ins Tal, das wir zwischen Brauerei und Bahnlinie erreichen.

Über die gebogene Straßenbrücke erreichen wir den Bahnhof und das Zentrum von **Winnweiler (9)**, 245 m (15 Min., Einkehr), und damit das Ende des Pfälzer Höhenweges.

Unten: Winnweiler.
Bild nächste Doppelseite: Keltengarten bei Steinbach.

Stichwortverzeichnis

A
Adlerbogen 175
Alsenz 158
Alsenztal 15
Altdahn 135
Alter Schlag 124
Alte Schmelz 107
Altleiningen 43
Am Seicheneck 93
An der Wegscheid 98
Annweiler 78, 82

B
Bad Bergzabern 90, 94
Bad Dürkheim 42, 48
Bad Kreuznach 144
Bad Münster am Stein 15
Bad Sobernheim 144
Bastenhaus 166, 170
Battenberg 36, 45
Bellachiniweiher 65, 68
Bergbauerlebniswelt Imsbach 177
Bergstein (nahe Hambacher Schloss) 63
Bergstein (Weinbiet) 58
Besucher-Kalkbergwerk (Königsberg) 146
Betzenberg 104
Biosphärenreservat Pfälzerwald-Nordvogesen 26
Birkwieserhof 121
Bismarckturm 45
Bockenheim 34, 36
Borntal 181
Bucklige Welt 144
Burgalbweiher 113
Burg Berwartstein 100, 140
Burg Landeck 88
Burg Lichtenberg 144
Burgruine Alt-Wolfstein 151
Burgruine Anebos 85
Burgruine Falkenburg 128
Burgruine Falkenstein 172
Burgruine Gräfenstein 123
Burgruine Guttenberg 97
Burgruine Hardenburg 47
Burgruine Moschellandsburg 160, 163
Burgruine Neukastell 85
Burgruine Neu-Wolfstein 149, 151
Burgruine Randeck 164
Burgruine Wolfsburg 58
Burg Trifels 84
Burg Winzingen 59
Burrweiler 66, 71
Bürstenbindermuseum (Dernbach) 71
Buschmühle 70
Busenberg 138
Busenberger Holzschuhpfad 138

C
Callbach 159

D
Dahn 100, 132
Dahner Burgen 135
Dahner Felsenland 100, 133
Dannenfels 170, 176
Dansenberg 106
Deidesheim 48, 54
Dernbach 78
Dernbacher Haus 75
Deutsche Schuhstraße 121
Deutsches Schuhmuseum (Hauenstein) 100, 126, 129
Deutsches Weintor 34, 94, 100, 143
Deutsche Weinstraße 99
Dichterhain 68
Dicke Eiche 131
Dinkelberghütte 115
Donnersberg 20, 24, 144, 166, 174, 181
Donsieders 119
Dörrenbach 96
Drachenfels 138
Drachenfelshütte 138
Drei Buchen 73
Dreieckstein 106
Drei Eichen 97
Dreiherrenstein 125
Dreimärker 73
Dürkheimer Wurstmarkt 47

E
Edenkoben 67, 71
Edenkobener Hütte 69
Edenkobener Tal 67
Eisenbahnmuseum (Neustadt) 55
Elsass 34
Erfweiler 129, 132, 136
Erlenbach 136, 140
Eselstränke 80
Eußerthal 80

F
Falkenstein 172
Farrenberg 96
Finsterbrunnertal 102
Fischbach 100
Flaggenturm 51
Forsthaus Benjental 57
Forsthaus Lindemannsruhe 45
Frauenbrunnen 68
Freinsheim 35, 36
Friedensdenkmal 69

G
Gasthaus Wildenstein 177
Geiersbrunnen 46
Gimmeldingen 56
Glan 150, 158
Gläserne Schuhfabrik (Hauenstein) 100, 126, 129
Gleishorbach 90
Gleisweiler 67, 75
Gleiszellen 92
Grafendahn 135
Gräfenhausen 80
Gräfensteinhütte 122
Großes Rondell 173
Grüne Bank 52
Grünstadt 41
Gutenbrunnen 110
Gutsschänke St. Annaberg 75

HEIMAT**MOMENTE**

50 MIKROABENTEUER

ZUM ENTDECKEN
UND GENIESSEN

Nadine Taylor
264 Seiten, 193 Fotos, 10 Karten
Format: 16,5 x 11,5 cm
ISBN 978-3-96855-077-0

14,95 €

Der Reiseführer stellt 50 spannende und teilweise herrlich einsame Ziele, Ausflüge und Wanderwege in der Pfalz vor, die sowohl völlig Ortsfremden als auch altbekannten Pfälzern den Zauber des Pfälzerwaldes nahebringen.

Weitere Infos unter:
360grad-medienshop.de/heimatmomente

Versandkostenfreie Lieferung innerhalb Deutschlands

Telefon: +49 2104 / 50631 00
Telefax: +49 2104 / 50631 56

360° medien

info@360grad-medien.de
www.360grad-medien.de

H
Haardtgebirge 34
Hahnenschritt 64
Hahnweilerhof 181
Haltepunkt Hauenstein-Mitte 128, 129
Hambacher Fest 21
Hambacher Schloss 55, 63
Hatzelbergbrunnen 92
Hauenstein 126, 129
Hauensteiner Schusterpfad 128, 129
Haus am Weiher 110
Haus der Deutschen Weinstraße 37
Heidelsburg 117
Heidenlöcher 52
Heiligenbach 143
Heltersberg 112, 115
Hermersbergerhof 122, 126
Hilschberghaus 119, 120
Hilschweiher 69
Hindenburgkiefer 113
Hirschbrunnen 121
Hirtenfels 175
Hochstein 135
Hohe Loog 64
Holderquelle 80
Holländer Klotz 124
Hölzernes Kreuz 119
Huhnerberg 173
Humberg-Turm 106
Hüttenberghütte 65

I
Idar-Oberstein 144
Isenachtal 47

J
Johannisbrunnen 70
Johanniskreuz 100, 108, 112
Jungfernsprung 134
Jung-Pfalz-Hütte 79

K
Kahlenberg 137
Kaiserbachtal 88
Kaiserslautern 23, 100, 102
Kaiser-Wilhelm-Höhe 46
Kallstadt 42
Kalmit 64
Karlstal 108
Katzenbusch 119
Keltengarten 181
Keltenhütte 173
Keltenweg 174
Keltischer Ringwall 46
Keschdeweg 85
Kieselweiher 173
Kirchheimbolanden 144, 170
Klausenkapelle 56
Klingenmünster 85, 86, 90
Klugsche Mühle 109
Kolmerkapelle 96
Königsbach 56
Königsberg 24, 144, 146
Königsland 149
Königsstuhl 173
Krappenfels 81
Kreuzkapelle 183
Kriemhildenstuhl 46
Kronbuchhütte 173
Kropsburg 69
Krumbachtal 45
Krummkehr 173

Herzlich Willkommen auf dem Weingut Werner Anselmann!

Weinverkauf am Probierstand / in der Probierstube
Mo-Sa: 8.00-20.30 Uhr, So: 9.00-20.30 Uhr

Straußwirtschaft „Brunnenterrasse"
Mitte Mai bis Ende September, täglich geöffnet

Staatsstraße 58-60 • 67483 Edesheim • Tel.: 06323 94120 • www.weingut-anselmann.de

Kuckucksbähnel 55
Kusel 144
L
Lachbergblick 133
Landau 23, 35
Landauer Hütte 73
Laubach 181
Lauter 150
Lauterecken 150, 154
Lautertal 15
Leiningen 43

Leininger Land 42
Leinsweiler 82, 86
Liebfrauenberg 93
Limburg 20, 47
Löffelkreuz 142
Lohnweiler 153
Ludwigsturm 175
Luitpoldturm 125
M
Madenburg 87
Maikammer 61, 67

Maria Rosenberg 119
Marielskopf 155
Mariengrotte 70
Marienthal 171
Meerspinnblick 56
Meisenheim 144, 154, 158
Mertesheim 40
Merzalben 120, 122
Michaelskapelle 52
Molkenborn 113

Premiumwandern und Einkehren auf dem hist. GANERBENWEG am Pfälzer Weinsteig

www.urlaubsregion-freinsheim.de
Kontakt: i-Punkt Kallstadt • Tel. 06322-667838

Moltkefelsen 175
Montanwege 181
Moosalbquelle 111
Moosalbtal 108
Mordkammerhof 171
Münchweiler 177
Mundatwald 97, 143
Museum für Weinkultur (Deidesheim) 49
Museum Pachen (Rockenhausen) 162
Museum Pfalzgalerie (Kaiserslautern) 102
Museum unterm Trifels (Annweiler) 79

N
Naturfreundehaus Finsterbrunnertal 102, 108
Naturfreundehaus Heltersberg 114
Neubau 164
Neuleiningen 36, 42
Neuscharfeneck 73
Neustadt an der Weinstraße 23, 54, 60
Nollenkopf 63
Nollensattel 62
Nordpfälzer Heimatmuseum (Rockenhausen) 162
Nothweiler 100

O
Oberhofen 90
Obermoschel 158, 162
Oberrheinebene 22, 60
Oberrheingraben 23, 66
Odenbach 156
Ofenmuseum (Burrweiler) 72
Orensfelsen 74

P
Paddelweiher-Hütte 130
Parkplatz Ahlmühle 85
Pfaffenbrunnen 106
Pfalzblick 56
Pfälzer Bergland 23
Pfälzer Höhenweg 144
Pfälzerwald 100
Pfälzer Waldpfad 100
Pfälzerwald-Verein (PWV) 8
Pfälzer Weinsteig 34
Pfälzer Weitwanderwege 7
Pfälzisches Turmuhrenmuseum (Rockenhausen) 162, 166
Pirmasens 23, 100
Pleisweiler 93
Poppental 51
Portzbach 142
PWV-Wanderheim Dicke Eiche 131

Q
Queichquelle 131

R
Ramberg 71, 79
Ramberger Waldhaus 73
Rappenteichfelsen 120
Rechtenbach 99
Rhodt 67, 71
Rietaniahütte 70

HAMBACHER SCHLOSS
Wiege der deutschen Demokratie

Geschichte erleben
- Das Hambacher Fest 1832
- Führungen für Kinder und Erwachsene

Kultur genießen
- Politisches Wort
- Kabarett
- Konzerte
- Restaurant 1832

Freiheit fühlen
- Atemberaubende Ausblicke
- Naturerlebnis Pfälzer Wald
- Raum für Genuss und Gedankenentfaltung

Neustadt a. d. Weinstraße • Tel. 0 63 21 / 92 62 90
www.hambacher-schloss.de

Rietburg 69
Rockenhausen 162, 166
Rodalben 115, 120
Rodalber Felsenwanderweg 115, 120
Römerstraße 152
Rote Hohl 106
Ruppertsecken 169
Rutsweiler Hütte 147

S
Sagenweg 136
Scharfenberg 85
Scheffelwarte 58
Schindhard 138
Schipkapass 83
Schlagbaum 46
Schützenhaus 167
Schutzhütte Kirschbaumhöhe 76
Schwalbenfelsen 68
Schwarzbachtal 116
Schweigen 34, 94, 140
Seebach 48
Seehofweiher 141
Seelenfelsen 115
Selberg 146
Selberghütte 148
Siegfriedschmiede 69
Slevogthof 85
Slevogt, Max 69, 85
Sommerberg 64

Sommerdelle 117
Speierheld 63
Speyer 20, 35
Stäffelsberg 96
St.-Anna-Hütte 70
St.-Anna-Kapelle 70
Steinbach 174, 181
Stelzenberg 107
St. Germanshof 143
St. Martin 60, 64, 66
St. Ottilia 69
Straßburger Stein 69
Sühnekreuz 63

T
Tanstein 135
Teufelsstein 46
Tina-Willblick-Hütte 68
Trifels 20
Trifelsblickhütte 72
Trippstadt 110

U
Ungeheuersee 45
Unterhammer 109

V
Villa Ludwigshöhe 69

W
Wachenheim 51
Wachtenburg 51
Walddusche 76
Waldfischbach-Burgalben 117
Waldhaus Klausberg 181

Wanderweg Deutsche Weinstraße 34, 45, 99
Wappenschmiede (bei Pleisweiler) 93
Wappenschmiede (Schwarzbachtal) 117
Weidelbacherhof 164
Weinbiet 57
Weinfeste 30
Weinstraße 22
Weiße Grube 181
Weißenberg 125
Weißenburg 99, 100
Weisserstein 113
Westpfalz-Wanderwege 106, 109
Westrich 23
Westwallweg 97
Wieseck 159
Wieslautertal 142
Wildensteiner Tal 180
Winnweiler 144, 176
Winschertkopf 124
Winterkirchel 131
Wolfstein 144, 146, 150
Wolselquelle 65
Würzweiler 168
Wüstung Wittgemark 168

Z
Zigeunerpfad 121
Zisterzienserkirche Eußerthal 80

Umschlagbild:
Jungfernsprung bei Dahn.

Bild im Innentitel:
Adlerbogen am Donnersberg.

Bild auf Seite 5: Schloss Villa Ludwigshöhe in Edenkoben.

Bild auf Seite 32/33: Mandelblüte an der Deutschen Weinstraße.

Alle Fotos stammen vom Autor.

Kartografie:
18 Wanderkärtchen im Maßstab 1:75.000,
Geodaten © OpenStreetMap und Mitwirkende,
kartografisches Design: Freytag & Berndt, Prag,
www.freytagberndt.cz;
13 Wanderkärtchen im Maßstab 1:75.000,
gezeichnet von www.rolle-kartografie.de;
zwei Übersichtskarten im Maßstab 1:500.000 und 1:700.000,
© Freytag & Berndt, Wien

Die Ausarbeitung aller in diesem Führer beschriebenen Wanderungen
erfolgte nach bestem Wissen und Gewissen des Autors.
Die Benutzung dieses Führers geschieht auf eigenes Risiko.
Soweit gesetzlich zulässig, wird eine Haftung für etwaige Unfälle
und Schäden jeder Art aus keinem Rechtsgrund übernommen.

4., aktualisierte Auflage 2022
© Bergverlag Rother GmbH, München

ISBN 978-3-7633-4401-7

Wir freuen uns über jeden Korrekturhinweis zu diesem Wanderführer!
Bitte per E-Mail an: leserzuschrift@rother.de

ROTHER BERGVERLAG · München
D-82041 Oberhaching · Keltenring 17 · Tel. +49 89 608669-0 · www.rother.de